Marina Costelloe
Wunscherfüllung mit der Kraft der Steine

Marina Costelloe

Wunscherfüllung
mit der Kraft *der* Steine

Hinweis des Verlages

Alle Angaben in diesem Buch wurden nach bestem Wissen und Gewissen zusammengestellt, und die beschriebenen Wirkungen der Steine wurden vielfach erprobt. Da Menschen aber unterschiedlich reagieren, können Verlag und Autorin im Einzelfall keine Garantie für die Wirksamkeit oder Unbedenklichkeit der Anwendungen übernehmen. Bei ernsthaften gesundheitlichen Beschwerden wenden Sie sich bitte an Ihren Arzt oder Heilpraktiker.

1. Auflage 2010

Marina Costelloe
Wunscherfüllung mit der Kraft der Steine

Der Titel des englischen Originals lautet »The Complete Guide to Manifesting with Crystals«. Erschienen 2009 bei Earthdancer GmbH, Baden-Baden. Earthdancer ist ein Imprint bei Findhorn Press.
Übersetzt aus dem Englischen von Anja Fietz.

Copyright © für die deutsche Ausgabe: Neue Erde GmbH 2009
Text Copyright © Marina Costelloe 2009
Alle Rechte vorbehalten.

Titelseitengestaltung: Dragon Design, GB
Fotos: ANP/Shutterstock, Juriah Mosin/ Shutterstock, Manfred Feig

Satz und Gestaltung: Dragon Design, GB
Fotos im Innenteil: Marie Ortsiefer,
 außer S. 16, 29: Manfred Feig; und S. 98 Ammolith und 102 Pyrolusit: Ines Blersch
Gesetzt aus der Garamond Condensed

Gesamtherstellung: L. E. G. O. S. p. A. Lavis (TN)

Printed in Italy

ISBN 978-3-89060-547-0

Neue Erde GmbH
Cecilienstr. 29 · 66111 Saarbrücken · Deutschland · Planet Erde
www.neue-erde.de

Dieses Buch widme ich dem Weltfrieden.

Inhalt

Anziehung und Verstärkung durch Steine 14
Das Gesetz der Anziehung und die »Hohen Fünf« 14
Der Manifestationsquarz 15
Positive Affirmationen mit Steinen 17
Positive Kommunikation mit Steinen 19
Kreative Visualisierung mit Steinen 20
Die vier häufigsten Blockaden bei der Manifestation 21

Die Kristall-Synchronisation 27
Was ist das? 27
Wie man synchronisiert 29
Warum fühle ich mich mit diesem Stein so...? 31

Loslassen 35
Steine, die ein heilsames Loslassen fördern 36
Die »Hohen Fünf« des Loslassens 37

Wie du die richtigen Steine für dich findest 39
Geburtssteine 41
Metall-Affinitäten 43
Kristall-Astrologie 44
Wo du deine Steine finden kannst 45
Einfache Aufladetechniken 49

Manifestation mit Steinen: Techniken 51
Manifestations-Eigenschaften von Metallen 52
Manifestations-Eigenschaften von Farben 53
Manifestations-Eigenschaften von Steinen 54
Kerzen und Steine 56
Duft und Steine 60

Wasser und Steine 63
Meditation und Steine 66
Massage und Steine 68
Musik und Steine 68
Schmuck 69
Stein-Rezepte für jeden Tag 70

Stein-Rezepte zur Manifestation 76
Stein-Rezept: Manifestation von Liebe 79
Stein-Rezept: Manifestation von Reichtum 82
Stein-Rezept: Manifestation deiner Berufung 85
Stein-Rezept: Manifestation von Gesundheit und Wohlbefinden 88
Stein-Rezept: Manifestation von Spiritualität 91

Positivität speichern 94
Praktische Wege, um Positivität zu speichern 96
Meilensteine im Leben 103

Die göttliche Sichtweise 108

Vorwärts gehen 110
Kristallklar 114

Die Manifestations-Eigenschaften der Steine 116

Warnhinweise 120
Dank und Anerkennung 122
Bildnachweis; Bezugsquellen und Links 123
Bibliographie 124
Anmerkung des Verlages 125
Adressen 126

Einleitung

Energetisiere dein Sein;
Fokussiere deinen Geist;
Ziehe die Dinge an, die du willst;
Manifestiere positive Ergebnisse in deinem Leben.

Ist dir jemals aufgefallen, daß es Leute auf der Welt gibt, die im Wortsinne ein »zauberhaftes« Leben führen? Sie scheinen die Dinge, die sie wollen und brauchen, genauso leicht zu manifestieren, wie sie Atem holen. Das liegt daran, weil sie in völliger Harmonie mit ihren Wünschen, Zielen und Werten leben – und weil sie Vertrauen haben. Manifestieren fällt ihnen leicht. Begib dich selbst in diesen zauberhaften Raum, erkenne deine eigenen Wünsche, Ziele und Werte, und auch du wirst sehen, daß das Leben kristallklar wird.

Du kannst dir die Wirklichkeit selbst erschaffen, die du dir wünschst. Du kannst sie entwerfen, dir bildlich vorstellen und manifestieren. Dieser umfassende Ratgeber *Wunscherfüllung mit der Kraft der Steine* wird dir einen Weg aufzeigen, um voller Vertrauen in deinem Leben vorwärtszugehen. Dieses Buch erklärt, wie positives Handeln, gebündelte, gerichtete Absicht, die Kraft der Steine und der richtige Zeitpunkt die Dinge anziehen, die du brauchst, willst, ersehnst und erwartest. Die Energie von Heilsteinen, verbunden mit positivem Handeln, kann dein Leben verändern. Im Gebet und in positivem Denken steckt eine gewaltige Kraft. Heilsteine fördern unseren höchsten Zweck und verhelfen uns dazu, unsere Absichten neu auszurichten und unsere Wünsche zu bündeln.

Ein Bedürfnis oder ein Verlangen richtet sich nicht immer auf einen Gegenstand; vielleicht ist es eine liebevolle Beziehung, die du in deinem Leben brauchst, oder Glück, Frieden, Freude und Ausgeglichenheit. Viele Leute wirken überrascht, daß das Geheimnis des Glücks darin besteht, ihre Zeit, Energie und Wünsche mit dem Plan ihres Höheren Selbst in Einklang zu bringen. Die Kraft der Steine versetzt dich an den Kreuzungspunkt von Zeit und Energie, von deinen Wünschen und dem Plan deines Höheren Selbst, so daß du eine neue Wirklichkeit manifestieren kannst.

Das Wort »manifestieren« bedeutet, eine merkliche Veränderung in deinem Leben herbeizuführen, nach deinem eigenen Entwurf. Lies weiter und finde heraus, wie du diesen Wandel bewirkst und die positiven Ergebnisse in deinem Leben mehrst. Wendest du regelmäßig positive Affirmationen an, positives Sprechen und manifestierende Mantras oder nutzt du bildhafte Vorstellungen? Und hast du daraufhin eine merkliche Veränderung in deiner Lebenslage festgestellt? Wenn das so war, dann fantastisch! Du besitzt die Geisteshaltung, durch die Dinge geschehen können. Aber wenn du – wie so viele von uns – das Gefühl hast, daß irgend etwas bei deiner Manifestation fehlt, – etwas Energie oder Motivation, rasch erkennbare Ergebnisse oder einfach ein Ort, um zu beginnen – dann könnte es sein, daß du dein Leben mit ein bißchen Steinenergie anreichern solltest.

Wenn du dich mit der Kraft der Steine noch nicht auskennst, laß dir gesagt sein, daß es viele Möglichkeiten gibt, um diese Energie in dein Leben hineinzubringen. Ein Gartenstein, ein großer Kristall, ein Flußkiesel, ein Diamantring – all dies sind Gaben der Erde, die einen liebevollen Wandel in deinem Leben fördern können.

Wenn wir hier von »Steinen« sprechen, so können dies Edel- oder Schmucksteine, Kristalle, Metalle oder einfache Feldsteine oder andere Mineralien sein. Schau dich um in der Welt, die dich umgibt; die Schönheit darin gehört dir. Öffne deine Augen für die Wunder in jedem Kiesel, Edelstein oder Kristall in dem Wissen, daß es göttliche Zeitplanung war, die sie dir zu Bewußtsein gebracht hat. Du hast bereits Freunde aus dem Mineralienreich, die dir beistehen!

Steine können dir helfen, deinen Lebensweg zu erkennen und ihm zu folgen, indem sie dich mit deiner höheren Bestimmung verbinden. Dieses Buch wird dir helfen, die besten Steine zu ermitteln, um deinen Lebensweg zu gehen. Die besten Steine für dich zur richtigen Zeit auszuwählen, fühlt sich großartig an; es ist so, wie einen neuen besten Freund zu finden. Wenn du mit Steinen noch nicht so vertraut bist, achte auf die »Empfohlenen Heilsteine« in jedem Kapitel – sie sollen eine nützliche Anregung für dich sein, bis du deine eigenen Stein-Kameraden gefunden hast.

Dein Leben wird dich am ehesten erfüllen, wenn du in Harmonie mit allen Gedanken (Energie) und Dingen (Materie) schwingst. Du bist mit der gesamten Energie und Materie verbunden und daher mit dem universellen Bewußtsein; und diese Erkenntnis kann dir helfen, deinen Lebensweg zu meistern und dein volles Potential auszuschöpfen. Deine Fähigkeit, positive Ergebnisse zu manifestieren, wird sich immer dann in deinem Leben einstellen, wenn du »synchron« mit dem universellen Bewußtsein bist. Bei der Kristall-Synchronisation verwendet man Heilsteine, um »synchron« mit seiner göttlichen Bestimmung zu werden. Dabei kommt es auf die richtige Zeitplanung an. Kristall-Synchronisation ist der Wirkstoff, der einem ermöglicht, zum richtigen Zeitpunkt um die richtige Sache zu bitten. Sie wirkt derart, daß du die Gegenstände und Ereignisse anziehst, die sich karmisch gesehen abzeichnen, wodurch deine Lebenssituation förderlich unterstützt wird. Bist du erst in der Lage, die Schwierigkeiten zu verringern und deine guten

Ergebnisse zu steigern, indem du die Techniken der Stein-Manifestation anwendest, wird sich dein Vertrauen zunehmend festigen, und du wirst immer mehr himmlische Gaben des Himmels empfangen.

Bevor du diesen Pfad beschreitest, schau in dich hinein. Betrachte die Folgen deines Handelns und übernimm Verantwortung für deine Taten und deine Beweggründe. Es kann sein, daß du nicht immer genau das erhältst, woran du gedacht hattest, als du den Wunsch geäußert hast. In Zeiten von Schmerz und Angst magst du dich bedürftig fühlen und verlangen, daß dich das Universum mit einer Vielzahl von Dingen innerhalb sehr kurzer Zeit versorgt; sei nicht überrascht, wenn sich diese Ansprüche nicht in der Weise manifestieren, die du erwartet hattest. Sammle dich wieder in Liebe und Hoffnung und erkenne den Segen hinter der Herausforderung. Versuche, keine Angst zu haben; sieh einem erfüllten Leben entgegen voll von nicht endlosen Möglichkeiten. Vollkommenheit ist weder für diese Welt noch für unser Leben vorgesehen. Ein einwandfreies, makelloses Leben ist starr und steril und nichts, woran man seine positiven Intentionen verschwenden sollte.

Wunscherfüllung mit der Kraft der Steine zeigt anhand vieler Beispiele aus dem wirklichen Leben, wie man durch eine nützliche Verbindung mit der Energie von Heilsteinen eine positive Einstellung findet und verwirklicht. Es werden viele Energetisierungstechniken mit Steinen vorgestellt, darunter solche in Verbindung mit Mantren oder Kerzen, mit Wasser, Musik, Aromatherapie, Massage und Meditation. Da jeder Stein bei jedem Menschen anders wirkt, finden sich in *Wunscherfüllung mit der Kraft der Steine* sehr viele Techniken, und du kannst dir daraus jene aussuchen, die du magst.

In diesem Buch werden viele Heilsteine besprochen, oder es wird auf sie verwiesen, und ich möchte ganz klar sagen, daß es nicht unbedingt sein muß, jeden als wirklichen Stein zu besorgen und auszuprobieren; oft reicht es schon, ein Bild von ihm zu betrachten oder den Stein in seiner natürlicher Umgebung oder im Museum zu berühren. Beim Weiterlesen wirst du wahrscheinlich feststellen, daß etliche Steine mit dir harmonieren; und ich bin davon überzeugt, daß, wenn du auf stofflicher Ebene mit ihm arbeiten sollst, dir der bestgeeignete Stein über den Weg läuft. Magie geschieht, sobald du gegenwärtig bist, und wenn du einen bestimmten Stein brauchst, dann wird er sicher zu dir finden.

Positivität manifestieren bedeutet, daß in deinem Leben ein echter positiver Wandel eintritt. »Positivität speichern« ist ein neuer Begriff, der in diesem Buch ausführlich besprochen wird. Dabei handelt es sich um eine praktische Technik, wie man positive Energie ansammelt und aufbewahrt, um in schlechten Zeiten von Niedergeschlagenheit, Trauer und Verzweiflung auf diese Vorräte zurückgreifen zu können. Der Schlüssel liegt in der eigenen täglichen Lebenserfahrung, in der Familie oder in den karmischen Verbindungen und wird daher für jeden Menschen anders sein. Man wird am ehesten die gewünschten Dinge manifestieren, wenn man positive Entscheidungen trifft und so Positivität speichert.

Wenn du weiter liest, wirst du ein nützliches Rahmenkonzept entdecken, um die Kraft deiner Absicht zu steigern, göttliche Liebe zu erkennen und dein volles Potential und einen positiven Lebensweg einzuschlagen. Manifestiere ein Gewahrwerden der Herz-Seelen-Energie, und alles andere wird sich von selbst ergeben. Nutze dieses Buch als deinen persönlichen Entwicklungs-Ratgeber für Achtsamkeit, Glück, Liebe und Wohlstand. Ich hoffe, daß du die Steine in einem neuen Licht sehen wirst und entdeckst, wie wichtig jeder einzelne in deinem Leben ist. Ich hoffe, daß du sie dann verwendest, um dich zu energetisieren, während du deine Eigenheit wahrst. Denke daran, daß du die Steinenergie anzapfen kannst, um deine Absichten zu sammeln und auszurichten, deine Ziele zu manifestieren, die Lebensreise deiner Seele zu unterstützen und in deinem Leben Fülle anzuziehen.

Ich liebe Steine, und vermutlich tust du es auch. Vergiß nicht, daß du genauso einzigartig und schön bist wie die Energie, die sich in jedem Stein befindet. Vom Ewigen her betrachtet, haben sowohl der Diamant als auch ein Flußkiesel ein magisches Potential und eine göttliche Aufgabe. Denke stets daran, daß die Steinenergie und die universelle Energie miteinander verbunden sind – daher nutze deine Stein-Verbindungen weise, mit Liebe und Mitgefühl in jeder Hinsicht und zum Wohle aller. Die Ausrichtung beim *Wunscherfüllung mit der Kraft der Steine* ist eine positive – betrachte die Energie in den Heilsteinen als etwas, das dich bei deinem persönlichen Aufstiegsprozeß unterstützt.

Anziehung und Verstärkung durch Steine

Das Gesetz der Anziehung und die »Hohen Fünf«
Das Gesetz der Anziehung ist ein bekanntes Konzept, welches davon ausgeht, daß deine Gedanken – bewußt und unbewußt – deine Wirklichkeit erschaffen. Viele wunderbare Bücher und Kinofilme befassen sich mit dieser verblüffenden Vorstellung viel eingehender als *Wunscherfüllung mit der Kraft der Steine*; hier liegt das Augenmerk vielmehr darauf, wie Heilsteine in Verbindung mit dem Gesetz der Anziehung ein positives Ergebnis fördern. Die Steinenergie verstärkt ganz einfach den Vorgang der Manifestation. Steine verstärken also das Gesetz der Anziehung. Sie bauen eine Brücke zwischen Gedanken, Ereignissen und materiellen Dingen. Die Steinenergie kann dich in deinem Streben nach einem glücklichen und erfüllten Leben unterstützen und dir helfen, deinen Lebensweg besser zu meistern. Das Manifestieren, die Erschaffung einer neuen Wirklichkeit, erfordert Wahrhaftigkeit, geistige Kraft und Liebe. Es ereignet sich, wenn folgende Seelenkräfte zur selben Zeit und am selben Ort zusammenwirken und so einen positiven Wandel herbeiführen:

Positives Fühlen
Positives Denken
Positives Handeln
Positiver Wille
Positive Energie

Ich nenne sie die Hohen Fünf. Die Steinenergie unterstützt und verstärkt die Hohen Fünf.

Die universellen Schöpferkräfte sind in den Hohen Fünf enthalten: Erde, Luft, Feuer, Wasser und Geist (Äther) sind die Elemente, die Leben, Wachstum und Wandel aufrechterhalten.

Gefühle = Wasser
Um etwas zu manifestieren, mußt du emotional wirklich damit verbunden sein – genau in diesem Augenblick.

Gedanken = Luft
Über deine positiven Gedanken und alle Formen der Kommunikation mußt du klar ausdrücken, was du manifestieren willst.

Handeln = Erde
Positives Handeln umfaßt Prüfung, Planung und dein eifriges Bemühen, den gewünschten Erfolg voranzutreiben.

Wille = Feuer
Strebe dein Ziel mit Zuversicht, Großzügigkeit und Begeisterung an.

Energie = Geist
Einer Seele, die mit Liebe erfüllt ist, stehen alle Türen offen.

Der Manifestationsquarz
Es gibt einen bestimmten Kristall, der alles verkörpert, was das Gesetz der Anziehung ausmacht: den Manifestationsquarz. Isabel Silveira schreibt in ihrem schönen Buch mit dem Titel *Wesen und Wirken der Kristalle*: »Charakteristisch für einen Manifestationsquarz ist, daß ein größerer Kristall einen kleineren ›beherbergt‹.

Der Manifestationsquarz trägt das Wissen, wie wir unsere Träume, Wünsche, Ziele und Absichten in unserer Wirklichkeit realisieren können, in sich.«* Diese Kristalle können in natürlichen Spitzen vorkommen oder in Form einer Kugel, eines Eies oder eines Generators entstanden sein. Die Größe schwankt zwischen weniger als einem Zentimeter bis hin zu riesigen Kristallen mit über einem Meter Länge.

* Isabel Silveira, *Wesen und Wirken der Kristalle*, Neue Erde Saarbrücken 2009 (S. 48).

Quarz ist sehr machtvoll und besitzt viele Eigenschaften, dazu gehören die Verdichtung von Einsicht, die Intuition, die Heilung und das Hellsehen; aber vor allem holt er das, wovon wir dachten, es sei eine bloße Möglichkeit, in die Wirklichkeit. Manifestationsquarze erinnern uns daran, daß alles, was wir zur Erfüllung unseres Schicksals brauchen, bereits in uns ist. Während wir den Kristall betrachten und in ihn hineinblicken, sehen wir unsere tiefen Wünsche und ihre Manifestation in der stofflichen Welt. Diese Kristalle besitzen reichlich Energie, die, wenn sie sich erst mit unseren Hohen Fünf verbindet, einen positiven Wandel in unserer Welt herbeiführt. Gehörst du zu den Glücklichen, die einen Manifestationsquarz besitzen oder noch bekommen, wirst du ihn bei jeder Technik einsetzen können, die in *Wunscherfüllung mit der Kraft der Steine* beschrieben ist. Wenn du keinen Manifestationsquarz besitzt und an keinen herankommst, wird dich das Kapitel *Wie du die richtigen Steine für dich findest* darin unterweisen, wie du den vollkommenen Stein findest, um besser manifestieren zu können. Positive Affirmationen, manifestierende Mantren, positive Kommunikation und Bilder zur schöpferischen Visualisierung, all dies sind Techniken, die mit dem Gesetz der Anziehung einhergehen. Und sie können bemerkenswerte Veränderungen in deinem Leben bewirken. Wenn du sie schon ausprobiert hast, wirst du es wohl wissen!

Positive Affirmationen mit Steinen
Eine positive Affirmation ist eine Wortfolge, die dir hilft, Verstand, Körper und Geist mit deiner Absicht zu verbinden. Zum Beispiel:

Affirmation:
    Meine Familie ist wohlhabend.

Affirmationen, die wie ein Mantra angewendet, d. h. ständig wiederholt werden, können bei der Meditation, beim Manifestieren, bei der Erdheilung, für Schutz, Akzeptanz und Loslassen ein positives Ergebnis unterstützen. Wohlüberlegte, positive Affirmationen können dein Leben verändern; es steckt große Kraft in ihnen. Affirmationen werden noch kraftvoller, wenn sie positive Absichten für das größere Wohl und den Nutzen der Gemeinschaft enthalten.

Die Wiederholung ist sehr wichtig: Wiederhole deine Affirmation häufig – sprich sie, denke sie, schreibe sie auf, singe sie oder drücke sie in einem Kunstwerk aus – stets mit einem glücklichen und dankbaren Herzen. Mache deine Affirmation noch wirksamer, indem du deinen Lieblingsstein festhältst, während du sie sprichst. Der Stein in deiner Hand unterstützt und verstärkt dann sanft deine Gedankenmuster.

Empfohlene Heilsteine für positive Affirmationen:

Granat, Gold, Tigerauge, Rosenquarz und Achat. Diese Steine unterstützen den Energiefluß in den Solarplexus und das Herzchakra, indem sie dein Selbstvertrauen während der Affirmations-Sitzung stärken.

Positive Kommunikation mit Steinen

Positives Sprechen ist ein machtvolles Werkzeug; es entspricht einem umweltgerechten Verhalten in der eigenen Kommunikation. Es gibt keinen Zweifel, daß negative Kommunikation umweltverschmutzend und eine Zeitverschwendung ist und viel Mühe beim Aufräumen erfordert. Positive Kommunikation ist angenehm und fördert Wachstum, Vielfalt und Nachhaltigkeit.

Achte auf das, was du sagst. Entschließe dich, nur noch Worte der Unterstützung und Liebe, der Ermutigung und des Verständnisses zu benutzen. Verbanne Tratsch, Schuldzuweisungen, Angst und Feindseligkeit aus deinem Leben, indem du deine Redeweise änderst. Wenn du deine Worte mit Bedacht wählst, erhöht sich deine Energie, dein Vertrauen wächst und großartige Dinge werden geschehen.

Fange an, deine Sätze mit »Ich kann...« einzuleiten oder mit »Ich werde...«, mit »Wir verdienen es...« oder mit »Setzen wir uns zusammen...«. Dies läßt eine Atmosphäre der Selbstachtung entstehen, der Ausgeglichenheit und des Lichts. Höre deinen Gedanken zu; achte auf den inneren Dialog, der im Gange ist, während du dein Leben lebst – wenn du dir die Zähne putzt oder in einer Schlange anstehst, oder beim Einschlafen oder beim Essen. Beobachte deine Gedanken häufig. Und behalte im Hinterkopf, daß Tratsch und verletzende Worte eine Menge Energie vergeuden, das eigene Potential vermindern und dich in eine Ecke stellen, in der du nicht sein willst. Stecke dir kleine Trommelsteine in die Tasche oder ins Portemonnaie, um dich in deinem Bemühen um eine neue, positive Kommunikation zu unterstützen.

> **Empfohlene Heilsteine für positive Kommunikation:**
>
> Rhodonit, Selenit, Bergkristall und Turmalin. Diese Steine fördern deine Individualität, während du dich sicher mit deiner Umgebung verbindest. Insbesondere Bergkristall vertreibt Selbsttäuschung, indem die kritische Stimme in deinem Innern zum Schweigen gebracht wird. Hole die Steine aus deiner Tasche und halte sie in der Hand, wenn du glaubst, noch mehr Beistand zu brauchen.
>
>

Kreative Visualisierung mit Steinen

Die kreative Visualisierung ist eine lustige Methode, um seine wahren Wünsche, Hoffnungen und Träume stets vor Augen zu haben. Suche dir zu Hause einen Platz, wo du häufig entlanggehst, und fange an, Dinge zu sammeln, die für deine Wünsche stehen: Bilder, Worte, Spielsachen, Miniatur-Nachbildungen, Postkarten, Bücher usw. Du könntest z. B. Karten sammeln mit schönen, aufbauenden Sprüchen wie »Laß es dir gutgehen« oder einzelnen Worten wie »Hoffnung«, »Liebe« und »Anmut« auf einem hübschen Papier. Fotos von dir und deiner Familie aus glücklichen Zeiten, das Bild einer heilen Erde, eine Liste von Dingen, die du gern tun möchtest – all das wird dich an deine Träume erinnern. In deinem Bereich der kreativen Visualisierung kannst du auch Kostbarkeiten aufbewahren, die du von lieben Menschen bekommen hast, und für ihr weiteres Glück und ihren Schutz beten. Wenn du an deiner Sammlung vorbeigehst, empfinde Glück und Dankbarkeit für die Dinge, die du dir ersehnst. Stelle dir vor, wie es wäre, wenn sie wahr wären, und sei dankbar, als ob sie sich bereits manifestiert hätten. Lege ein paar deiner Lieblingssteine dazu, um deine Aufmerksamkeit anzuziehen und dich auf deine höchsten Ideale auszurichten.

> **Empfohlene Heilsteine für die kreative Visualisierung:**
>
> Der Citrin unterstützt die Besserung deiner finanziellen Lage, während der Rosenquarz Liebe und der Amethyst die erfolgreiche Umwandlung von Ideen und Taten in Zeit und Raum begünstigen. Diese Steine sind Werkzeuge, die deine Gedanken verstärken, deine Kraft und Stärke sammeln und ausrichten und deine Zukunft hell erstrahlen lassen.
>
>

Sobald du aus deinem Bereich der kreativen Visualisierung tatsächlich etwas manifestiert hast, entferne den symbolischen Gegenstand oder das Bild und lege ein Zeichen der Dankbarkeit an seine Stelle. Das könnte eine Spendenquittung sein, ein handgeschriebenes Dankeschön, ein Dankesgebet oder das Versprechen, eine gute Tat zu vollbringen und jemand anderem zu helfen.

Die vier häufigsten Blockaden bei der Manifestation
Manchmal hast du einen sehnlichen Wunsch, der vielleicht nicht schnell genug erfüllt wird oder nicht in der gewollten Form. Warum ist das so?

Es gibt gewöhnlich vier Blockaden beim Manifestieren: fehlende Dankbarkeit, ein verschlossener Geist, eine wertende Haltung und die Dramatisierung. Wenn man diese Blockaden einmal erkannt hat, bestehen zum Glück verschiedene Möglichkeiten, etwas zu unternehmen und diese Erfolgshindernisse zu beseitigen.

Fehlende Dankbarkeit entspricht Ignoranz und Feindseligkeit und verhindert, daß man die guten Dinge im Leben wahrnimmt, die zu einem kommen. Dankbarkeit ist ein Geschenk, das dein Leben verändern wird. Menschen, die ihre Anerkennung bekunden und »Danke« sagen, führen ein glücklicheres Leben und haben das Gefühl, über ihre Zukunft zu bestimmen. Sie meistern ihr Leben allgemein in Anmut und Leichtigkeit.

Wenn sich durch deine Manifestation in deinem Leben etwas zum Besseren gewendet hat, dann äußere Dankbarkeit – echte Dankbarkeit aus tiefem Herzen. Spüre in dich hinein, wie sich Dankbarkeit anfühlt; sie ist wundervoll. Du kannst Dankbarkeit einüben, indem du eine Form der angewandten Dankbarkeit verinnerlichst, die als das »Glücksprinzip« (engl. *pay it forward* = weiterbezahlen) bekannt ist – und normalerweise in Manifestations-Ratgebern fehlt.

Das Weiterbezahlen oder Abgeben ist ein einfacher Weg, die Fülle zu teilen, die dir in deinem Leben zuteil wird. Du vergiltst sie einfach, indem du abgibst. Man kann heute nicht mehr glauben, daß jeder von uns in einer Welt für sich lebt, in der keine Wechselwirkung oder kein Einfluß auf andere Menschen oder Dinge besteht. Angewandte Dankbarkeit – das Sich-Bedanken in praktischer Form – stärkt unsere Verbundenheit mit der Welt, eröffnet uns neue Möglichkeiten und steigert den Einstrom der universellen Energie in unser Leben. Denke daran, daß die Kraft der Anziehung erhöht wird, indem du Dinge visualisierst, die dem Allgemeinwohl dienen.

Angewandte Dankbarkeit verstärkt deinen Erfolg beim Manifestieren; es ist so einfach. Hast du erst die angewandte Dankbarkeit verstanden und dir angeeignet, hindert dich nichts mehr am erfolgreichen Manifestieren. Bitte beachte, daß Dankbarkeit kein Mittel ist, mit dem du dich in etwas hinein- oder herauslavieren kannst, das du zu manifestieren versuchst. Aufrichtige und freudige Dankbarkeit ist entscheidend beim Manifestieren positiver Ergebnisse.

> **Empfohlene Heilsteine für Dankbarkeit:**
>
> Magnesit oder Karneol unterstützen dich dabei, deine Dankbarkeit für den reichen Überfluß in deinem Leben ausdrücken.
>
>

Ein verschlossener Geist läßt auf einen Mangel an Achtsamkeit schließen, wodurch wir von der Wirklichkeit der Gegenwart und der Möglichkeit der Zukunft abgekapselt sind. Ein verschlossener Geist ist wie eine riesige Mauer, die verhindert, daß irgendein Zukunftsbild in dein Bewußtsein dringt. Angst, Erschöpfung, Trauer, Kummer und Reue stehen uns oft im Weg, weil sie Gedankengänge erzeugen, die den Erfolg behindern. Um dieses Hindernis zu überwinden, sei freundlich und verständnisvoll zu dir und erkenne, daß alle Emotionen vorübergehend sind.

Empfohlener Heilstein für einen offenen Geist:

Der Alexandrit öffnet deinen Geist für neue Gelegenheiten.

Eine wertende Haltung geht oft mit einem verschlossenen Geist einher und ist so, als ob man durch ein winzig kleines Loch auf seine Zukunft blickt. Du bekommst immer nur das bißchen zu Gesicht, was du dir zu sehen erlaubst. Bedingungslose Liebe verschafft dir die Freiheit, mehr zu entdecken und neue Wirklichkeiten zu erschaffen. Ein Geist, der offen ist und bereit, neue Ideen in Betracht zu ziehen, ist ein Geist, der nicht nur auf den Raum beschränkt ist, den er einnimmt. Einen offenen Geist und eine offene Haltung zu entwickeln, ist ein großer Schritt zum erfolgreichen Manifestieren.

Empfohlener Heilstein für eine offene Haltung:

Der Kunzit fördert bedingungslose Liebe, Freundlichkeit und intuitives Erwachen.

Eine Dramatisierung entsteht, wenn jemand Dinge aufbläst, andere beschuldigt und sich Entscheidungen aufzwingt, die ihn selbst beschränken. Melodramatische Personen, »Drama-Königinnen«, benutzen gern solche Phrasen wie: »Ich habe kein...«, »Ich kann nicht...«, »Sie werden denken, ich bin...«, »Du glaubst gar nicht, was mir passiert ist...«, »Warum passiert immer mir das?«, »Warum hilft mir keiner?« oder »Ich bekomme nie...« – stets mit dem Unterton, nicht selbst dafür verantwortlich zu sein, »nichts dafür zu können«. Solche Drama-Dialoge bringen die »Drama-Königin« von ihrem Lebensweg ab. Verletzt und mutlos (wie sie sind), konstruieren sich diese Leute einen Teufelskreis, der nur schwer zu durchbrechen ist.

> **Empfohlener Heilstein bei Dramatisierung:**
> Der Charoit verbessert die ehrliche Selbsterkenntnis als einen Weg zur Veränderung.
>
>

Alle Blockaden verschwenden nur deine kostbare Energie, genau die Energie, die du zum Manifestieren nutzen könntest. Natürlich gibt es Höhen und Tiefen im Leben, aber wenn du mit Zuversicht, Licht und Liebe vorangehst und jeden Tag auf diesen Gefühlen aufbaust, wirst du Erfolg haben. Mache dein Leben zu einer spirituellen Reise und manifestiere das Beste in deinem Leben – du kannst es. Vertrauen und Dankbarkeit unterstützen einen manifestierenden Geisteszustand. Alle Steine und Metalle (einschließlich Silber, Gold, Messing und Kupfer) fördern diese Seelenhaltungen.

Unser Universum besteht aus Energie, Licht und Materie; es vibriert und schwingt; alles darin ist ständig in Bewegung, verändert sich, reagiert, nimmt auf und wird wieder verwertet. Steine sind lebendige Vermittler zwischen Materie und Energie. Wie die Natur kann sich auch unser Leben sehr schnell ändern. Größe, Ruhm oder Reichtum können im Handumdrehen entstehen und vergehen, aber die unglaubliche Schönheit bleibt ewig in unserer Erinnerung bestehen. Auf vielfältige Weise prüft das Leben unsere Entschlossenheit, wie treu wir uns selbst sind. Unterschätze nie deine Fähigkeit, dein Leben zu ändern. Der Wandel ist nur einen Wimpernschlag entfernt. Sei bereit und begegne den Herausforderungen des Lebens mit Zuversicht, und du wirst Erfolg haben.

Die Kristall-Synchronisation

Was ist das?
In den Ländern der Vorzeit und des Altertums – Atlantis, Lemurien, Ägypten oder Machu Picchu (die Kristallstadt) – und an den Stätten vieler Weltreiche waren Kristalle, Edelsteine, Felsen und Steine grundlegend für ein Leben in völligem Gewahrsein. Bei allen großen Zivilisationen, im Altertum wie in der heutigen Zeit, werden Edelsteine hoch geschätzt und auch in Verbindung mit religiösen Handlungen verwendet. Sie zieren Gewänder, Kronen, Szepter, Reichsäpfel, Schwerter und Ringe, nicht nur als persönlicher Schmuck, sondern um spirituelle Kraft zu kennzeichnen und zu verstärken.

Die andauernde Anziehungskraft von Steinen über die Jahrtausende hinweg ist kein Zufall. Steine sind zeitlose Wesenheiten mit enormen Energiereserven. Die Steinheilkundigen zapfen die Ursprungsenergie an, die den Steinen innewohnt, und können dir helfen, sie in dein Leben zu bringen. Viele Steinheilkundige sind mit der Gabe der Intuition gesegnet; sie können die Steinenergie richtig deuten und dir den für dich und deine Heilung geeigneten Stein empfehlen.

Die Kristall-Synchronisation ist eigentlich dasselbe, allerdings auf Manifestation bezogen, wobei es darauf ankommt, die richtige Energie zu finden, um dich zur rechten Zeit an den rechten Ort zu versetzen. Bei der Kristall-Synchronisation geschieht eine Neuausrichtung deines Lebens mittels Heilsteinen. Sie führt zusammen (synchronisiert): die beste Zeit, die beste Energie und die besten Wünsche, damit sich glückliche Fügungen in deinem Leben einstellen und verwirklichen. Die Kristall-Synchronisation erhöht dein Bewußtsein, so daß du zum rechten Zeitpunkt um die richtige

Sache bitten kannst. Wenn du deine Wahrnehmung steigerst, deine Augen und das Herz öffnest, empfängst du. Wenn du offen bist für das Empfangen, kannst du deine Ziele anziehen, vorantreiben, verstärken, anregen und vollständig verwirklichen. Du kannst »synchron« mit deinem göttlichen Zweck sein; du kannst dein Leben ändern.

Schau dich kurz bei dir zu Hause um; über welche Steine verfügst du schon? Drinnen hast du vielleicht wertvolle und nicht so wertvolle Schmucksachen aus Silber, Messing, Gold oder Glas liegen. Draußen gibt es Kieselsteine, Gartensteine, Muscheln und andere Kostbarkeiten. Wenn du glaubst, nicht an die verschiedenen Steine heranzukommen, suche dir Bilder aus Büchern, dem Internet und esoterischen Zeitschriften heraus und lege sie in deinen Bereich der kreativen Visualisierung.

Die Steinenergie kennt weder Zeit noch Raum, und mit Gewahrsein kannst du dich mit der jeweiligen Schwingung der Steinenergie verbinden, genauso leicht wie mit einer bestimmten Farbe. Nimm dir Zeit, die Steine, die du gefunden hast, kennenzulernen, verbringe Zeit mit ihnen und achte darauf, wie sie sich verändern. Beim Kauf von Steinen denke daran, daß einige gefärbt sein könnten, damit sie besser aussehen. Nach meiner eigenen Erfahrung verändern sich dadurch die ursprünglichen Eigenschaften der Steine nicht, jedenfalls was die Manifestation anbelangt. Die farbliche Verschönerung steigert bei manchen Menschen die Kraft eines Heilsteins in der Farbtherapie, bei der Aura-Integration und dem Chakra-Balancing – aber bei anderen wiederum nicht. Das wichtigste ist, daß man bei den Steinen, die man besitzt oder kauft, völlig gewahr ist. Finde heraus, ob der jeweilige Stein natürlich ist oder in irgendeiner Form geschönt oder künstlich hergestellt wurde. Du wirst bald merken, wie Steine in deinem Leben wirken. Ich kenne einige Steinheilkundler, die nur auf natürliche Heilsteine schwören, und andere, die erfolgreich mit einer großen Palette von verstärkten, künstlichen, natürlichen und/oder polierten d. h. getrommelten Steinen arbeiten.

Wie man synchronisiert
Die Kristall-Synchronisation erlaubt Hoffnungen, Sehnsüchten und Träumen, das größte Potential zur Verwirklichung zu entwickeln. Seine Hohen Fünf, d. h. positives Fühlen, Denken, Handeln, Wollen und positive Energie, »synchron« zu bekommen, erfordert einige Mühe. Wähle zunächst einen Stein aus deiner Sammlung aus, mit dem du arbeiten willst, einer, der sich gut anfühlt.

> **Empfohlener Heilstein für die Kristall-Synchronisation:**
>
> Bergkristall (besonders als Manifestationsquarz, Channeling-Kristall, Kristallkugel, Transmitterkristall oder Fensterkristall).

Mache es dir bequem und schreibe auf oder denke darüber nach, auf welche Weise du erfolgreich deine Ziele verwirklichen kannst. Das braucht nicht länger als ein paar Minuten dauern. Achte genau auf die ersten Gedanken, die dir in den Sinn kommen; es ist wichtig, jetzt alle Gefühle zuzulassen. Bewerte deine Gedanken nicht; lasse sie alle ihren freien Lauf nehmen. Dann überlege dir ein Vorgehen, welches die kreative Visualisierung mit der Kraft der Steine einbezieht, und plane Handlungen, die dich deinen Zielen näherbringen.

Genieße die Erfahrung, hab Vertrauen in deine Pläne und rechne mit einem positiven Ausgang. Sammle dich in Liebe und beobachte, wie sich alle Teile des Puzzles zusammenfügen.

Wenn deine Hohen Fünf mit deinem göttlichen Zweck »synchron« sind, wird ein Wandel stattfinden. Kristall-Synchronisation zieht Gegenstände und Ereignisse an, die in einem vernünftigen Zeitrahmen karmisch verfügbar sind. Indem du die Manifestationsenergie auf das Beste für dich ausrichtest, hat dein Wunsch eine größere Chance, sich zu verwirklichen. Die Kristall-Synchronisation hilft dir, einen großen Bogen um Schwierigkeiten zu machen, was wiederum dein Vertrauen stärkt und direkt zum erfolgreichen Manifestieren führt. Du wirst wissen, wann du von deinem Pfad abgekommen bist – wann dir Hindernisse im Wege stehen; du hast keine Energie, um die einfachsten Aufgaben zu erledigen, und es scheint kein Licht am Ende des Tunnels zu sein. Bewegung in Form von positivem Handeln ist die Triebfeder für Veränderungen. Ändere eine Sache und erlaube dem Universum, dir dabei zu helfen, auf den rechten Weg zurückzukehren.

Die Kristall-Synchronisation stellt deinen gegenwärtigen Energiezustand auf einen Zustand um, der dich direkt auf dein Ziel zubewegt. Die Geschwindigkeit des Wandels entspricht dem Einsatz, den du leistest. Jede Veränderung und jedes Wachstum stellt eine Wechselwirkung von Energie dar. Wenn dein Höheres Selbst und dein Schicksal miteinander verschmelzen, wird das Leben zauberhaft. Wenn du gewahr bist, positiv und auf dem richtigen Weg (deinem Lebensweg), werden dich äußere Einflüsse zwar immer noch erreichen, aber du hast einen klaren Weg vor dir und kannst schneller vorwärtsgehen, leidest weniger und gewinnst mehr.

Das Gewahrsein deiner Lebenslage erschafft dir Wahlmöglichkeiten; wie vorzugehen ist, wird deutlicher, und dein Lebensweg, obgleich er im Verborgenen liegt, wird immer klarer. Entscheide dich dafür, dein Leben lieber heute als morgen zu ändern.

Warum fühle ich mich mit diesem Stein so...?
Heilsteine regen die Veränderung an; nur selten haben sie gar keinen Einfluß auf jemanden. Wenn du mit Steinen arbeitest, wirst du viele verschiedene Empfindungen wahrnehmen, und wenn du dir vornimmst, langfristig mit Steinen zu arbeiten, solltest du ein Stein-Tagebuch anlegen, selbst wenn du ein gutes Gedächtnis hast. Wie bei Freunden auch, paßt nicht jeder Stein genau. Zu den weniger angenehmen Gefühlen bei der Arbeit mit Steinen gehören: Übelkeit, Gedächtnisschwäche, Juckreiz, scheinbares Pech, schlechtes Urteilsvermögen und Zusammenbrüche. Diese Dinge passieren gewöhnlich dann, wenn der Stein mit unserer derzeitigen Situation oder – häufiger – mit unserem Lebensweg nicht übereinstimmt, nicht »synchron« ist. Genau so, wie die Kristall-Synchronisation dir auf deinen Weg helfen kann, so kann das Leben aus dem Lot geraten, wenn du und dein Kristall nicht miteinander im Einklang sind.

Bevor du einen Stein für unbrauchbar erklärst oder verbannst, überlege erst, wie dein Tag heute war. Wenn du dir ganz klar darüber bist, daß genau dieser Stein dich anzieht, stelle dir ein paar Fragen:

Welche genauen Gefühle habe ich in Verbindung mit diesem Stein?

Ist es genau dieses Exemplar oder sind es alle Steine, die so heißen?

Handelt es sich dabei um ein gemischtes Gefühl oder ein bestimmtes Gefühl?

Bisweilen sind sogar die negativen Gefühle, die wir rund um die Steine erfahren, heilsam und wollen uns etwas lehren. Die Heilsteine helfen uns, schöpferisch mit der materiellen Welt zusammenzuwirken. Es gibt viele praktische Gründe, warum sich ein Stein für dich nicht gut anfühlt:

- ⋄ Vorgefaßte Meinungen zur Farbe oder anderen Eigenschaften des Steines können einen Einfluß auf dich haben.
- ⋄ Du hast vielleicht bewußte oder unbewußte Erinnerungen (auch aus Vorleben), die mit diesem Stein in Verbindung stehen.
- ⋄ Du bist vielleicht allergisch, vor allem bei Metallen.
- ⋄ Du könntest eine Abneigung gegen die Farbe des Steins haben, was sich ändert, wenn deine Aura sich verändert.
- ⋄ Deine Energieschwingung geht vielleicht nicht harmonisch in Resonanz.
- ⋄ Astrologisch könnte dieser Stein einen schwierigen Aspekt aufweisen.
- ⋄ Dieser Stein ist für dich bestimmt, aber erst zu einem späteren Zeitpunkt.

Wenn du dir sicher bist, daß dir dieser Stein jetzt nicht guttut und auch nicht dabei hilft, eine wichtige Lektion zu lernen, solltest du dir überlegen, eines (oder mehrere) der folgenden Dinge zu tun:

- ⋄ Reinige den Stein mittels Räucherwerk, anderen Steinen, Sonnenlicht oder Mondlicht (Lesetip: *Reinigen – Aufladen – Schützen: Wie wir Heilsteine richtig zur Wirkung bringen* von Michael Gienger). Das kann dir helfen, dich wieder mit dem Stein zu verbinden und/oder ihn wieder zu energetisieren.

* Michael Gienger, *Reinigen, Aufladen, Schützen: Wie wir Heilsteine richtig zur Wirkung bringen*, Neue Erde, Saarbrücken 2008

- Lege den Stein an einen ruhigen Platz und warte, bis der richtige Zeitpunkt für den Wandel gekommen ist.

- Trage den Stein in deiner Wohnung herum, bis du eine gute Stelle gefunden hast – manche Steine brauchen ein bißchen Abstand zum Menschen, um ihre Wirkung zu tun.

- Gib den Stein an jemand anderen weiter. Der Stein ist vielleicht nur deshalb bei dir gelandet, um in Dankbarkeit an jemanden weitergegeben zu werden, der ihn wirklich braucht und liebt.

- Bist du dir absolut sicher, daß dieser Stein für dich nie und nirgends positiv sein wird, solltest du darüber nachdenken, ihn in einem öffentlichen Park zu vergraben; so ein neutraler Boden kann dazu beitragen, daß du deine Verbindung zu dem Stein löst. Ob in einem Park oder woanders, du gibst ihn damit ans Element Erde zurück. Laß den Stein dort, damit er von der Erde gereinigt wird. Geh nicht zurück, um ihn wiederzuholen; du hast ihn aus deinem Leben entlassen.

Hast du mit einem Stein eine schlechte Erfahrung gemacht, dränge diese niemandem auf; ein Stein hat vielleicht bei dir nicht gewirkt, könnte aber für einen anderen von Wert sein und von ihm benötigt werden. Wenn du über einen problematischen Stein ein Urteil gefällt hast, solltest du dessen blockierende Wirkung gleich wieder aufheben. Behalte im Hinterkopf, daß das Gesetz der Anziehung immer dann gut wirkt, wenn wir uns mit positiven Gedanken befassen. Mache dir eine kleine Notiz, auf der der Name des Steines steht und daß er »losgelassen wurde, um seine Wirkung woanders zu tun«.

Perlen sind zum Beispiel kraftvolle Manifestations-Werkzeuge, denen aber irgendwie ein schlechter Ruf anhaftet. Perlen sagt man nach, daß sie Unglück bringen, was einfach nicht stimmt. Natürlich wird nicht jeder gut mit diesen herrlichen Meeresjuwelen harmonieren, aber wenn du gern Schönheit und Kreativität steigern oder wenn du schwanger werden willst, könnte eine Perle genau das Richtige für dich sein. Süßwasserperlen erhöhen den natürlichen Charme und das künstlerische Talent vor allem bei Frauen.

Perlen, die aus dem Meer stammen, helfen einem, sein wahres Potential zu erkennen – und das Potential einer Beziehung, wenn sie bei der Hochzeit getragen werden.

> **Empfohlene Heilsteine für Abgrenzung:**
> Rauchquarz und Chiastolith unterstützen das Setzen sicherer Grenzen und bieten spirituellen Schutz.
>
>

Loslassen

Das Loslassen ist genauso wichtig wie sich etwas zu wünschen: einen guten Job, ein tolles Auto und einen Haufen Geld für die Rechnungen. Ehe wir nicht die energetischen Fesseln gelöst haben, die uns zurückhalten, können wir unser wahres Potential nicht ausschöpfen. Das ist ein lebenslanger »Frühjahrsputz für die Seele«, der immer wieder ansteht, aber Übung macht den Meister.

Bedenke, daß du ein freies Wesen bist, aber von negativen Gedanken, Tratsch, einer schlechten Entscheidung oder schwierigen Lebenslage gehemmt sein kannst. Diese Dinge ziehen dich herunter, rauben dir Energie und lassen deine Zukunft in einem trüben Licht erscheinen. Warum halten wir an so vielen schrecklichen Sachen fest? Oft nur deshalb, weil wir die Leere fürchten, den Raum, der bleibt, sobald wir etwas losgelassen haben. Sobald du Schmerz und Trauer losgelassen hast, wirst du dich gestärkt fühlen, dein Selbstvertrauen nimmt zu, und du kommst in deine eigene Macht. Jedes Band, das du löst, wird dir mehr Raum für neue Gelegenheiten eröffnen. Loslassen heißt nicht, zu vergessen; Loslassen heißt, nicht mehr festzuhalten. Die Energie, die man zum Festhalten braucht, kann nun dazu benutzt werden, Positivität in deinem Leben zu manifestieren.

Das könntest du loslassen:
- ◊ negative Gefühle gegenüber einzelnen Personen
- ◊ schmerzliche Erinnerungen
- ◊ Rachegedanken
- ◊ Neid
- ◊ schlechte Gewohnheiten

◊ an alten Plänen, Sachen und Verhaltensmustern zu hängen
◊ Trauer
◊ Schuld

Steine, die ein heilsames Loslassen fördern

Gelber Calcit ist am besten geeignet, um Gefühle loszulassen, Ängste aufzulösen und sich in eine neue Situation zu fügen. Durch seine behutsame und zarte Wirkung läßt der gelbe Calcit deinen Solarplexus heilen. Er füllt die Leere, die beim Loslassen entsteht, so daß du dich nicht allein fühlst.

Doppelspat (durchsichtiger Calcit) verhilft zu geistiger Entspannung, zum Loslassen von Emotionen und zu spiritueller Reinigung. Er eignet sich am besten für die körperliche Entgiftung und Schmerzlinderung. Dieser Stein wirkt befreiend und aufheiternd; er kurbelt den Lebensrhythmus des Körpers wieder an.

Der blau-grüne, kupferhaltige **Chrysokoll** reinigt und erneuert den Menschen und seine unmittelbare Umgebung und löst aufgestaute Gefühle. Er ist wahrscheinlich der beste Stein für die Behandlung von Streß.

Der orangefarbene **Aventurin** befeuert den Optimismus; er schafft Raum, so daß man sich fröhlich und erfrischt fühlt und eine zweite (oder dritte) Chance erhält.

> ### Die »Hohen Fünf« des Loslassens
>
> **Positive Gefühle** – Suche dir einen Ort, wo du in Ruhe sitzen kannst und mach es dir dort bequem.
>
> **Positive Gedanken** – Stelle deinen inneren Dialog ab und lasse statt dessen ein neues Thema hervortreten.
>
> **Positives Handeln** – Überlege, wie dich die Vergangenheit zu dem Menschen gemacht hat, der du heute bist.
>
> **Positiver Wille** – Sei nett zu dir.
>
> **Positive Energie** – Verwende einen Stein, der das Loslassen unterstützt. Lege ihn in deinen Schoß oder neben dich. Sende dir Liebe und verbinde sie mit universeller Liebe. Dann löse die Bande, die dich an der Vergangenheit festhalten ließen.

Am Anfang werden die Gefühle sehr intensiv sein; akzeptiere es und mache dir klar, daß das, was du durchgemacht hast, nun Vergangenheit ist. Das Leid, das du erduldet hast, hat bestimmt einen Menschen aus dir gemacht, der bewußter und einfühlsamer ist – und das ist ein Segen.

Indem du deine Probleme angehst, kannst du auch anderen helfen, die ihren zu lösen. Du weißt nie, wie eine Änderung in deinem Verhalten, in deiner Aura und in deinem Denken auf andere Leute wirkt. Andere ahmen nach, was sie gut finden, und eine Veränderung deiner Energie, deiner Einstellung wird sich wellenartig ausbreiten und sanft die Gleichgesinnten erreichen. Genauso wie Dankbarkeit und ein offener Geist Blockaden bei der Manifestation beseitigen, so ist es auch beim Loslassen. Indem du losläßt, hebst du ein weiteres Hindernis für den Erfolg auf.

Empfohlener Heilstein zum Loslassen von Schuld:

Der Sodalith entbindet dich von alten Verfehlungen und begünstigt Selbstvergebung.

Wie du die richtigen Steine für dich findest

Du bist einzigartig und verfügst über eine Reihe von Lebenserfahrungen, die dich persönlich ausmachen. Deine Erinnerungen, Hoffnungen, Träume, Wünsche sowie Schmerz und Liebe haben sich in deine feinstoffliche Aura eingeprägt. Brauchst du eine Erinnerung, wie herrlich, stark und würdig du bist? Genau das, was dich zu dem wunderbaren Menschen macht, der du bist, bestimmt, wie du mit deinem Leben weitermachst, was als nächstes passiert und wie du mit Steinen manifestierst. Du wirst unterschiedlich mit den jeweiligen Steingruppen in Resonanz gehen; manche wirst du bevorzugen, andere nicht so sehr. In diesem Kapitel wirst du verschiedene Möglichkeiten entdecken, um den richtigen Stein für dich zu finden. Manifestiere die besten Steine, um dich damit auf deinem Lebensweg zu unterstützen.

Steine... es gibt sie in so vielen Varietäten, phantastischen Farben, in den unterschiedlichsten Größen und Formen... eine unendlich große Auswahl von persönlicher Eigenart, Energie und Leben. Bringe den Steinen, die dir schon gehören, Aufmerksamkeit entgegen; blicke sie mit Entschlossenheit und Zielgerichtetheit an, denn sie haben deinen Weg aus einem besonderen Grund gekreuzt. Nimm dir einen Augenblick Zeit, um dir ihre Namen aufzuschreiben, festzustellen, wie sie zu dir kamen, und zu vermerken, wo du sie aufbewahrst. Welcher ist gerade dein Lieblingsstein und warum? Öffne deinen Geist für die Möglichkeit, daß andere förderliche Steine in dein Leben treten werden. Glaube mir: Dein persönlicher Manifestationskristall ist entweder bereits greifbar oder sehr nah bei dir.

Steine sind nach allgemeinen Bezeichnungen und Eigenschaften unterteilt (Jaspis, Quarz, Achat usw.), aber jeder ist einzigartig. Wir schwingen mit einer Mineralklasse auf unsere besondere Weise. Manche Mineralklassen, wie z. B. die Familie der Quarze, unterstützen eine Vielzahl von Menschen und Anwendungen. Klarer Quarz (Bergkristall) besitzt viele Eigenschaften wie die Anbindung an die universelle Energie und die Sammlung und Ausrichtung von Einsicht, Intuition, Heilung und Hellsehen; und wie wir festgestellt haben, zählt er allgemein zu den besten Manifestations-Steinen. Je mehr du dich mit Steinen verbindest, desto besser wirst du verstehen, welchen Einfluß sie auf dich haben und wie sich dein Leben ändert, wenn du in ihrer Nähe bist.

Die Steine, die allgemein in einem Heilstein-Set als »unentbehrlich« angesehen werden, sind: Bergkristall, Rosenquarz, Rauchquarz, Amethyst, Achat, Obsidian, Karneol, Aventurin und Fluorit. Diese neun Heilsteine stellen eine geeignete Grundausstattung für die Heilung, Manifestation und die Kristallarbeit dar. Sich mit einem oder vielen von diesen Steinen zu umgeben, nährt die Seele. Es ist nicht erforderlich, die größte, beste oder teuerste Heilsteinsammlung zu haben. Größe und Preis haben keinen Einfluß auf das Energieniveau, das ein Stein besitzt. Wie bei vielen Dingen im Leben kommt es auf das richtige Gleichgewicht an; ein paar sorgfältig ausgewählte Steine in einem ausgewogenen Verhältnis werden dir helfen, dich mit deinem Höheren Selbst und deiner Umwelt verbunden zu fühlen.

Es hat den Anschein, daß auch erleuchtete Seelen, die hierhergekommen sind, um Familienkarma zu bereinigen, das kollektive Bewußtsein anzuheben und den anderen dabei zu helfen, etwas über die geistige Welt zu lernen, Krankheiten und körperliche Herausforderungen als Erfahrung durchmachen müssen. Das gehört zum Weg des Lichtarbeiters dazu, und Steine können ihm helfen. Aber bitte hole dir hinsichtlich einer Diagnose und der Behandlungsmöglichkeiten professionellen Rat von deinem Arzt oder Heilpraktiker ein, wenn du akute körperliche Beschwerden hast oder genetische Dispositionen vorliegen, denn dieses Buch ersetzt keineswegs den medizinischen Rat.

Wie sollst du also bei der Auswahl des richtigen Steins vorgehen? Welcher ist dein persönlicher Stein? Welcher Stein unterstützt dich dabei, deinen Lebensweg zu finden und nicht wieder zu verlieren? Welcher von ihnen entzündet deine innere Kraft und motiviert dich, das Beste aus dir herauszuholen? Welcher Stein hilft dir, deine Persönlichkeit zu energetisieren, dein Höheres Selbst widerzuspiegeln und dir die Tür zu einem neuen, strahlenden Selbstbild zu öffnen?

Die richtigen Steine für dich zu finden, das ist eine sehr intime Entdeckungsreise. Ein guter Anfang ist, seinen heiligen Stein zu finden, den Stein, der mit deinem Wesenskern harmoniert und dich zu einem zauberhaften Leben führen wird. Es kann sein, daß du einen heiligen Stein schon besitzt; er kann zu deinem Lieblingsschmuck gehören, oder es ist der Trommelstein, den du in deiner Tasche trägst, oder er ist gerade dabei, sich mit dir bekanntzumachen.

Geburtssteine

Beginnen wir am besten damit, uns ein paar traditionelle und nichttraditionelle Wege anzusehen, wie andere Menschen ihren heiligen Stein gefunden haben. Die Geburtssteine – heute wie damals – können dich vor Schaden bewahren und dir eine gute Zukunft bringen. Seit langem glaubt man, daß ein Geburtsstein der allergrößte Glücksbringer unter den Steinen ist und daß seine Kraft deine Talente steigert und dich im Leben energetisiert. Es gibt etliche

Geburtsstein-Listen, welche die Edelsteine den Kalendermonaten oder Tierkreiszeichen zuordnen.

Geburtssteine nach Tierkreiszeichen

Tierkreiszeichen	Zeitraum	Geburtsstein
Widder	21. 3. – 20. 4.	Heliotrop (Blutjaspis), Diamant
Stier	21. 4. – 21. 5.	Saphir, Bernstein, Smaragd, Azurit
Zwillinge	22. 5. – 21. 6.	Achat, Chrysopras, Citrin, Mondstein, Perle
Krebs	22. 6. – 22. 7.	Smaragd, Mondstein, Perle, Rubin
Löwe	23. 7. – 23. 8.	Onyx, Karneol, Sardonyx, Turmalin
Jungfrau	24. 8. – 22. 9.	Karneol, Jade, Jaspis, Saphir
Waage	23. 9. – 23. 10.	Peridot, Lapislazuli, Opal
Skorpion	24. 10. – 22. 11.	Beryll, Rauchobsidian (Apachenträne), Aquamarin, Topas
Schütze	23. 11. – 21. 12.	Topas, Amethyst, Rubin, Saphir, Türkis
Steinbock	22. 12. – 20. 1.	Rubin, Achat, Granat, Onyx (schwarz)
Wassermann	21. 1. – 18. 2.	Granat, Amethyst, Moosachat, Opal
Fische	19. 2. – 20. 3.	Amethyst, Aquamarin, Bergkristall

Es gibt außerdem antike Geburtsstein-Listen aus dem arabischen, hebräischen, hinduistischen und römischen Glaubenssystem, die über tausend Jahre zurückreichen. Die heutige Geburtsstein-Liste, auf die im englischsprachigen Raum am häufigsten Bezug genommen wird, stammt von der *American National Association of Jewellers* aus dem Jahre 1912. Die nachfolgende Liste ist eine Zusammenfassung der dort genannten Geburtssteine, unterteilt nach Tierkreiszeichen. Es gibt jedoch viele andere mögliche Zuordnungen.

Metall-Affinitäten
Seit Urzeiten ist auch die Zugehörigkeit von Planetenmetallen bekannt, die in der Alchimie, Homöopathie und Astrologie Verwendung findet. Du kannst sie in derselben Weise wie Geburtssteine benutzen. Metalle nehmen eine wichtige Rolle bei der Manifestation

Planet – Metall – Manifestations-Eigenschaften

	Planet	Metall	Tierkreis-zeichen	Manifestations-Eigenschaften
Altertum	Sonne	Gold	Löwe	anziehend
	Mond	Silber	Krebs	empfängt
	Merkur	Quecksilber	Zwillinge/Jungfrau	beschleunigt
	Venus	Kupfer	Stier/Waage	vermittelt
	Mars	Eisen	Widder	verstärkt
	Jupiter	Zinn	Schütze	anregend
	Saturn	Blei	Steinbock	verwandelt
Moderne	Uranus	Zink	Wassermann	erzeugt
	Neptun	Platin	Fische	vervollständigt
	Pluto	Bismut	Skorpion	überträgt

ein – sie empfangen unsere Sehnsüchte, ziehen sie an und teilen sie mit. Die vorige Tabelle soll dir dabei helfen, noch mehr positive Energie in deine Manifestationstechniken hineinzubringen.

Vielleicht ist es das erste Mal, daß du über ein Metall in dieser Weise nachdenkst. Wenn ja, überlege dir, welche Metalle du zu Hause hast. Die persönliche Vorliebe beruht ja häufig auf einem ästhetischen Wert, und wenn diese Betrachtung auch wichtig ist, so überlege auch einmal, wie du dich fühlst, wenn du die verschiedenen Metalle trägst oder in unmittelbarer Nähe von ihnen bist.

Denke daran, wieder in die Liste zu schauen, wenn du dir deinen Manifestations-Schmuck zusammenstellst, was im Kapitel *Manifestation mit Steinen: Techniken* besprochen wird.

In vielen Erdteilen werden auch für jeden Wochentag Heilsteine als Glücksbringer angesehen. An welchem Wochentag wurdest du geboren, als Montagskind (schön von Angesicht) oder Freitagskind (liebend und gebend)? Jedem Wochentag ist ein bestimmter Stein zugeordnet, der mit dir in Resonanz gehen kann:

Montag – Perle Dienstag – Granat
Mittwoch – Rotes Tigerauge Donnerstag – Smaragd
Freitag – Topas Samstag – Saphir
Sonntag – Rubin

Kristall-Astrologie

Eine zeitgemäße Methode, um den Stein herauszufinden, der besonders gut mit dir harmoniert, ist die Stein- oder »Kristall«-Astrologie. Mit nur wenig Aufwand kannst du deinen Geburtsstein ermitteln. Besuche die englische Website www.crystalastrology.com und finde heraus, welcher Stein deinem Geburtstag zugeordnet ist. Gib einfach Geburtsdatum, Geburtszeit und die Zeitzone an, und eine

Liste mit den sabischen Symbolen und Geburtssteinen erscheint; der Stein ganz oben in der Liste ist dein Geburtsstein. Dieser Stein hängt mit dem Sonnenstand zu dem Zeitpunkt zusammen, als du geboren wurdest (in Grad). Er korreliert mit deiner Sonne und fördert deine eigene Kraft, dein Glück, die karmische Führung und angeborene Fähigkeiten. Die Kristall-Astrologie befaßt sich auch mit Steinen, die zum Mond und anderen Planeten in deinem Horoskop gehören. (Die sabischen Symbole wurden übrigens 1922 von dem Astrologen Marc Edmund Jones mit Hilfe des Mediums Elsie Wheeler während eines Channelings übermittelt. Sie stellen eine einzigartige Sammlung von 360 anschaulichen symbolischen Bildern dar, die aus einer alten mesopotamischen Quelle stammen, und jedes ist einem einzelnen Tierkreisgrad zugeordnet.) Du kannst mehr darüber in meinem Buch *The Complete Guide to Crystal Astrology* erfahren. Ich glaube fest daran, daß wir uns mitten im Aufstiegsprozeß befinden und daß wir alle größere Fähigkeiten haben, zu verstehen, und größeren Wissensdurst als je zuvor.

Ein anderer Weg, seinen heiligen Stein zu finden, besteht darin, zu einem Steinheilkundler zu gehen oder zu einem Steinladen und mit etwas Zeit herauszufinden, welcher Stein dazu beiträgt, sich »synchron«, also im Einklang, zu fühlen. Der richtige Stein energetisiert dich; du wirst eine Verbindung zu ihm spüren; er wird dich förmlich rufen. Wenn du in dir ausgerichtet bist, wirst du ein starkes Gefühl der Gewißheit haben, welcher dein heiliger Stein ist.

Wo du deine Steine finden kannst
Natürlich verfügen alle guten Steinhändler über eine riesige Auswahl an Steinen. Die Inhaber dieser guten Adressen – ob Online-Shops oder Ladengeschäfte – suchen ihre Ware mit Liebe und Sorgfalt aus; sie senden eine feste Absicht aus, eine Bitte ans Universum

und die Steine, damit sie die besten Stücke für sich und ihre zukünftigen Kunden finden. Die Ladenbesitzer setzen beim Einkauf der Steine zum einen ihre praktische Erfahrung mit Edelsteinen und Kristallen ein und zum anderen ihr richtiges Gespür. Sie lassen ihre Hand über all die Steine gleiten, die ihnen zur Auswahl stehen, und fühlen, welche von ihnen für ihr Sortiment angeschafft werden sollten. Normalerweise ist es ganz einfach – die Steine werden »vibrieren«, strahlend aussehen, ein gewisses inneres Leuchten haben und oft sogar aus der Vitrine herausspringen oder herauskullern, wenn man sie übergeht.

Die weltgrößte Edelstein- und Mineralienmesse ist die *Tucson Gem and Mineral Show*™. Für die deutschen Leser liegt allerdings München mit den dort stattfindenden Mineralientagen viel näher. Auch dort kommen viele Steinheilkundler und Steine-Liebhaber zusammen, und es ist der ideale Ort, um mehr über Steine zu erfahren, zu lernen und sich untereinander auszutauschen. Bei einem solchen Besuch hast du die Gelegenheit, viele verschiedene Steine zu erleben, von denen du einige vielleicht noch gar nicht kanntest. Und ich wette mit dir, daß du eine verwandte Seele treffen wirst, die ihre Stein-Geschichten mit dir teilt!

Das Online-Shopping wiederum ist ein sehr bequemer Weg, seine Steine einzukaufen. Vergewissere dich, daß die Abbildung des Steins auf der Website wahrheitsgetreu und richtig ist, Größe und Preis deutlich angegeben sind und dir auch die Zahlungsbedingungen zusagen. Wende dich bei Fragen an den Händler, und erkundige dich vor allem, wo der Stein herkommt und ob er geschönt oder in irgendeiner Weise behandelt wurde. Die besten Online-Shops liefern eine Erklärung über die energetische Wirkung der Steine mit und eine Bestätigung, daß die Steine möglichst nachhaltig abgebaut und fair gehandelt wurden.

Ins Freie zu gehen ist eine spannende Art, seinen neuen Stein-Freund zu finden. Bei dir in der Gegend gibt es vielleicht ein paar traumhafte, versteckte Stellen, wo es Muscheln, Flußkiesel, Felsbrocken und andere Steine gibt. An einem Flußufer entlang zu wandern, auf einem Hügelkamm oder am Straßenrand, all das bietet gute Gelegenheiten, deine Steine zu entdecken. Es ist nicht so wichtig, daß du den »richtigen« Namen des Steins kennst; aber natürlich kannst du Nachforschungen anstellen, um ihn in Erfahrung zu bringen. Viel wichtiger ist es jedoch, wie der Stein mit dir harmonisiert, was dich an ihm anzieht und welche Empfindungen er bei dir auslöst. Wenn du das Steinesammeln zu deinem neuen Hobby machen möchtest, achte bitte darauf, ob es in dem Gebiet, wo du suchen willst, Schürfbestimmungen gibt, und beschaffe dir immer die notwendige Genehmigung.

Es gibt zwei wundervolle Beispiele, die wahre Kleinode sind und die du in deiner natürlichen Umgebung finden kannst: Herzsteine und Lochsteine. Unter Herzsteinen versteht man Steine, die durch den Einfluß von Wetter und Zeit allmählich verwittert sind und eine Herzform angenommen haben. Diese Gabe der Natur steigert Selbstwertschätzung und Eigenliebe; diese Steine verleihen deinem Herzen die Kraft, dich zu einem Platz der Stärke und Zuversicht leiten zu lassen. Lochsteine hingegen sind Steine, die ein Loch in der Mitte haben, das auf natürliche Weise durch Wetter und Zeit ausgehöhlt wurde. Man nimmt an, daß ihnen altes Wissen innewohnt, und sie sollen Heilkräfte besitzen und Schutz geben.

Schau dir auch Edelsteine in öffentlichen Ausstellungen, Privatsammlungen, naturhistorischen Museen, Universitäten und spezialisierten Geo-Museen wie z. B. dem Clausthaler GeoMuseum an. Diese Sammlungen bieten dir eine einzigartige Gelegenheit, ganz nah an die verschiedensten Mineralien und Edelsteine heranzukommen, die makellos, riesengroß, besonders selten und ästhetisch ansprechend sind.

Geschenke sind immer willkommen, aber wenn es sich um einen schönen Stein handelt, wird die Gabe zu etwas Besonderem. Ein solches Geschenk von einem geliebten Menschen, einem Freund, nach einem abgeschlossenen Handel oder als Glücksgriff, ist die Art des Universums, Hilfe bei etwas zu manifestieren, die du wirklich benötigst.

Geschenke anzunehmen, fällt manchmal schwer. Aber ein echtes Geschenk von einem anderen Menschen oder dem Universum anzunehmen, erlaubt es dem Herzen, sich auszudehnen, dem Geist, sich zu erhellen, und der Energie, sich zu verwandeln. Überraschungsgeschenke sind immer willkommen. Du kannst dich von Trommelsteinen, Steinen in ursprünglicher Form, geschliffenen Steinen, gravierten Steinen oder Rohsteinen angezogen fühlen. Benutze deine Intuition, um herauszufinden, welche Steinart du bevorzugst, und versuche so, mehr über dich zu erfahren.

Indem du dir deine innere Führung und die universellen Energiemuster zunutze machst, wirst du dazu gebracht, deine einzigartigen Talente und Gaben anzunehmen und wertzuschätzen, die alle deine Fähigkeit, Positivität zu manifestieren, steigern werden.

Nun weißt du also, wo du nach deinen Steinen suchen kannst; und behalte im Hinterkopf, daß du nicht alle gefundenen Exemplare mit nach Hause nehmen mußt. Es sind vielmehr Bilder, Erinnerungen und der energetische Abdruck, die wichtig bei deiner Suche nach Manifestation sind – eine Trophäe zu ergattern jedoch nicht.

Verbinde dich mit einem bestimmten Stein auf eine bedeutungsvolle Art und Weise, ehre den gefundenen Stein, sende ihm Dankbarkeit und Liebe, und dann laß ihn (in der Natur oder im Museum) zurück in der Hoffnung, daß ein anderer Mensch bei der Entdeckung genauso viel Glück erfährt wie du, und in dem Bewußtsein, daß du dich wieder mit seiner Energie verbinden kannst, wenn du dies brauchst.

Einfache Aufladetechniken
Die Verbindung zwischen dir und deinen Steinen sollte von Zeit zu Zeit aufgeladen werden. Wenn du das Gefühl hast, daß die Verbindung zu einem Stein nachläßt, er stumpf aussieht oder sich so anfühlt, wenn du ihn weniger wertschätzt oder in deinem Leben etwas schiefläuft, könnte es an der Zeit sein, deine Steine aufzuladen.

Lege deine(n) Stein(e) ins Mondlicht, neben eine brennende Kerze oder ein Wasserspiel oder an einen anderen Platz. Manche Steine, zum Beispiel Quarze, können ohne weiteres mit warmem Wasser abgewaschen werden, während sich andere darin auflösen. Edelsteinschmuck sollte sorgfältig gereinigt werden, und es sollte regelmäßig geschehen. Räuchern, Musik, farbiges Licht, Reiki und Gebete können eingesetzt werden, um deine Steine aufzuladen. Das Buch *Reinigen – Aufladen – Schützen* von Michael Gienger geht darauf ein, wie man seine Steine reinigt, auflädt, energetisiert und schützt, so daß man sich wieder mit ihnen verbindet und sie richtig zur Wirkung bringt.

Die Zeitdauer, um wieder eine positive Verbindung zu deinem Stein aufzubauen, kann zwischen ein paar Stunden und vielen Jahren schwanken und hängt von der Lebensreise ab, auf die ihr euch zusammen begeben habt, und wie eng du mit dem Stein verbunden warst. Manche Menschen sind sehr sensibel und gut auf die Energie der Heilsteine eingestimmt; aber wenn es dir an Vertrauen mangelt, wende dich an einen Steinheilkundler. Mit entsprechend

Übung und unter dem Einfluß der Steine werden deine Fähigkeiten zunehmen; deine Intuition und die Verbundenheit zwischen dir und den Heilsteinen werden sich »kristallisieren«. Du weißt doch, daß du die Antworten auf deine Fragen bereits kennst; sie sind in deinem Bewußtsein und deiner Aura vorhanden; du bist dabei, deine heilige Wahrheit zu enthüllen, indem du das zukünftige Potential entstehen läßt. Du wirst herausfinden, daß du vielleicht verschiedene persönliche Steine durchlaufen mußt, da die Lebenserfahrung die Persönlichkeit beeinflußt, die du bist. Aber jeder wird etwas Besonderes in deiner Aura und deiner Erinnerung bleiben.

Dein neuer Stein-Gefährte kann ein Saphir sein oder ein einfacher Stein, aber er *wird* dir helfen, deine Ziele zu erreichen.

Manifestation mit Steinen: die Techniken

Dir deine eigenen originellen, vielfältigen, intuitiven und bildhaften Manifestationstechniken auszudenken, ist der allermachtvollste Weg, um einen Wandel in deinem Leben zu erreichen. Aber wo soll man beginnen?

In diesem Kapitel schauen wir uns verschiedene Techniken zur Manifestation mit Heilsteinen an: Kristallkerzen, Kerzen in Steinen, Duft und Steine, Wasserspiele, Edelsteinelixiere, Meditation, Massage, Musik und Schmuck. Denke daran, die Dinge als Werkzeug zu benutzen, die du zu Hause hast. Heilsteine und Accessoires, die du schon besitzt, sind aus eben diesem Grund hier und jetzt bei dir. Ach, und natürlich wünsche ich dir viel Spaß dabei!

Wunscherfüllung mit der Kraft der Steine bietet dir eine Struktur für deine neuen Manifestationsmethoden. Nimm dir einen Stift und notiere dir gleich am Rand der Tabellen auf den nächsten Seiten, welche Steine und Schmuckstücke du schon hast und wie sie in deinem Leben wirken. Die nachfolgenden Tabellen fassen zusammen, wie Metalle, Farben und Steinarten dir helfen können, positive Änderungen in deinem Leben zu manifestieren.

Manifestations-Eigenschaften von Metallen	
Metall	Manifestations-Eigenschaften
Gold	Gold **zieht an** (Positives und Negatives).
Silber	Silber **empfängt** (Positives und Negatives).
Titan	Titan **beschleunigt** die Veränderung.
Kupfer	Kupfer verbessert die **Kommunikation** mit Gedanken und Worten.
Eisen	Eisen **stärkt** die eigene Entschlossenheit.
Edelstahl	Edelstahl **regt an**.
Platin	Platin **vervollkommnet**.

Sei dir bewußt, daß Metalle sowohl auf Positives als auch auf Negatives reagieren. Der Schlüssel liegt darin, sein Leben mit positiven Gefühlen, Gedanken, Handlungen, mit Willen und Energie zu erfüllen, damit das Metall deines Schmuckstückes dir auch positive Veränderungen bringen kann. Wenn du dich entscheidest, dich mit Positivität zu umgeben, werden dir die oben aufgeführten Metalle helfen, einen positiven Wandel anzuziehen, zu beschleunigen und anzuregen. Hast du aber negative Gedanken und triffst schlechte Entscheidungen, wird das Metall, das du trägst, die Negativität in deinem Leben verstärken, noch mehr davon anziehen und anregen. Von welchen Metallen fühlst du dich normalerweise angezogen? Und hat sich das geändert, nachdem du nun die Tabelle durchgelesen hast?

Eine andere wertvolle Qualität, die nicht zu vernachlässigen ist, sind die Hauptfarben deiner Kristalle. Zum Beispiel haben deine Schmuckstücke ein vorherrschendes Farbthema, etwa, daß sieben von zehn Stücken entweder aus Gold bestehen oder blau sind. Oder du hast vielleicht viele weiße Kristalle und nur wenig braune. Beim

Manifestieren kannst du mit dem vorherrschenden Farbschema in derselben Weise arbeiten, wie du dies bei der Farbtherapie, bei der Aura-Integration und dem Chakra-Balancing tust. In der nachfolgenden Tabelle kannst du gern ein Kreuz hinter die Farben setzen, die du bei deinen Steinen findest.

Manifestations-Eigenschaften von Farben

Farbe	aktiviert	manifestiert
Rot	Wurzelchakra	Energie und Leidenschaft
Orange	Sakralchakra	Freude und Kreativität
Gelb	Solarplexus	eigene Macht und Klugheit
Grün	Herzchakra	Wohlstand und Harmonie
Blau	Kehlchakra	Kommunikation/Verbindung
Indigo	Drittes Auge	Intuition/Eingebung
Violett	Kronenchakra	Göttliche Anbindung
Weiß		Reinheit und Weisheit
Schwarz		Macht und Stärke
Koralle/Pfirsichfarben		Liebe und Harmonie
Gold		Alchemie und Magie
Silber		Reflexion und Gnade
Rosa		Sanftmut und Heilung
Türkis		Kommunikation und Verständnis
Braun/Cremefarben/Olive		Umweltbewußtsein und Erdung

Welche Farben sind bei deinen Schmuckstücken und Steinen vorherrschend? Wie könntest du neue Farben in dein Leben hineinbringen?

Es gibt Hunderte verschiedener Steinsorten, und die Tabelle weiter unten befaßt sich nur mit wenigen. Diese Tabelle ist eine einfache

Anleitung für elf Lebensbereiche, in denen man Hilfe für die Manifestation einer positiven Veränderung sucht.

Manifestations-Eigenschaften von Steinen	
Stein	manifestiert eine positive Veränderung im Bereich
Amethyst oder Quarzkristall	Spiritualität
Rhyolith oder Fluorit	Familie
Angelit (Anhydrit) oder Peridot	Kinder
Kunzit oder Chrysopras	Beziehungen
Malachit oder Amazonit	Lernen
Fluorit oder Moosachat	Gesundheit
Achat oder Opal	Kreativität
Lapislazuli oder Jade	Geld
Aventurin oder Saphir	Karriere
Smaragd oder Larimar	Ruhm

Hinten im Buch findest du eine Stichwort-Tabelle, in der über 80 Steine den verschiedenen Lebensbereichen zugeordnet werden, z. B. Manifestation eines Neubeginns, von Erfolg und Klarheit.

Alle Steinformen – Rohsteine, Trommelsteine, Kugeln, Perlen, Geoden (Drusen), Scheiben und geschliffene Steine – können bei den Techniken der Stein-Manifestation eingesetzt werden. Dennoch gibt es vier Formen, die einen besonderen Platz einnehmen: die Merkaba, die Pyramide, das Ei und die Kugel. Sie sind allerdings nur in bestimmten Steinsorten erhältlich.

Die Merkaba hat die Form eines Sterntetraeders – das sind zwei ineinander verschlungene, dreiseitige Pyramiden, die einen dreidimensionalen Davidstern bilden. Sie ist ein machtvolles Manifestations-Werkzeug und vereint Geist, Herz und Körper, um Licht und Energie in die Seele zu bringen. Dieses Symbol gleicht Bedürfnisse und Wünsche aus. Man kann eine Merkaba in Metall- oder Steinform finden. Hast du das Glück, daß eine Merkaba zu dir kommt, behandle sie mit Achtung und Respekt.

Pyramiden sind ebenfalls eine Form, die unser kollektives Unbewußtes erkennt. Die Pyramide stärkt deinen Geist und lenkt deine spirituelle Entwicklung. Sie verhilft dir dazu, klare Energien vom Göttlichen in dein Leben einzuleiten, indem sie deine Entfaltung durch Wandel fördert. Fühlst du dich allein, verloren und planlos, wird die Pyramide deine Energie neu strukturieren und wieder herstellen.

Eier aus Stein stehen für Fruchtbarkeit, Geburt und Wiedergeburt. Die Eiform manifestiert Umwandlung und ist ein Fruchtbarkeits- und Fortpflanzungssymbol. Wenn du ein völlig neues Vorhaben planst oder ein lohnendes Ergebnis erwartest, benutze ein Ei aus Stein.

Die Kugel ist eine weitere sehr machtvolle Form. Sie verstärkt Einsicht, Intuition, Heilung und Hellsehen. Mit ihr kannst du in die Vergangenheit blicken, die Gegenwart erkennen und die Zukunft vorhersagen. Sie versetzt die unerfüllten Potentiale in die Wirklichkeit und repräsentiert den Freiraum, den du brauchst, um deine Ziele zu erreichen. Gehe verantwortungsvoll mit der Kugel um, und dein Inneres manifestiert sich im Außen.

Die Merkaba, die Pyramide, das Ei und die Kugel können uns im Traum erscheinen, wo die Form die Aura oder ein Körperteil umstrahlt. Wenn du dies träumst, ist das ein vielsagendes Zeichen – schreite voller Zuversicht voran, während du positive Veränderungen in deinem Leben manifestierst.

Kerzen und Steine

Kerzen und Steine verbinden die Elemente Feuer, Luft und Erde zu einer machtvollen Manifestationstechnik.* Stein- oder Kristallkerzen sind Kerzen, in die bei der Herstellung ein Stein eingearbeitet oder bei denen während des Brennens ein Stein auf der Oberfläche

---

* Bitte beachte: Brennende Kerzen nie unbeaufsichtigt lassen, vor allem wenn Kinder und Haustiere in der Nähe sind. Achte darauf, daß die Kerze auf einer festen Unterlage steht, so daß sie nicht umkippen kann und womöglich entflammbare Stoffe daneben Feuer fangen.

angebracht wurde. In beiden Fällen ist der Stein mit der Kerze verbunden. Kristallkerzen regen die Gedanken, das Handeln und den Willen an. Wenn du dich auf positive Gefühle und Energie ausrichtest, während die Kerze brennt, wird die Stein-Manifestation besonders wirkungsvoll sein.

Diese Technik bedient sich des Elements Feuer und regt damit den Willen an. Seine eigene Kristallkerze herzustellen, erfordert etwas Geschicklichkeit. Du könntest eine Kerze gießen und einen Stein hineintun, oder du legst kleine Steinstückchen oben auf die Kerze, wenn das Wachs schmilzt. Oder du kaufst dir welche; am liebsten mag ich die Kristallkerzen von Brilliant Spheres Crystals™ (www.brilliantspherescrystals.com.au). Jedes Stück ist ein Unikat und sehr wirkungsvoll, mit einem echten Edelstein darin; die angezündete Kerze strahlt die Energie des jeweiligen Steines aus. Es gibt sie in vielen Varianten: Amethyst für Inspiration, Aquamarin für Hoffnung, Citrin für Wohlstand, Fluorit für Verständnis, Hämatit für Loslassen, Lapislazuli für Entfaltung, Rosenquarz für Liebe, Turmalin für Optimismus, Jade für Gleichgewicht und Karneol für Konzentration.

Suche dir eine Kristallkerze aus, die deinem jeweiligen Bedürfnis entspricht. Überlege dir, welche positive Affirmation du sagen willst, wenn du die Kerze anzündest, und halte an positiven Gedanken fest, während du die Kerze brennen läßt. Zum Beispiel nimmst du die Citrin-Kristallkerze für Wohlstand. (In Deutschland finden Sie ähnliche Kristall-Kerzen unter www.kristall-kerze.de)

Positives Gefühl:
> ICH EMPFINDE DANKBARKEIT
> FÜR DIE SCHÖNHEIT DES AUGENBLICKS.

Positiver Gedanke:
>   Ich lade Reichtum in meine Zukunft ein.

Positives Handeln:
>   Ich schaffe Raum in meinem Leben,
>   um Reichtum hervorzubringen.

Positiver Wille:
>   Das Kerzenlicht soll das Vertrauen sein,
>   das mich in meinem Leben motiviert.

Positive Energie:
>   Ich befinde mich am Scheideweg
>   zwischen dem Heute und meiner strahlenden Zukunft.
>   Ich entscheide mich, wieder mit den unendlichen
>   Möglichkeiten verbunden zu sein.

Kristallkerzen nimmt man vor allem, um eine Änderung seiner Absichten zu manifestieren. Feuer erzeugt Bewegung, Vertrauen, Großzügigkeit und Begeisterung. Wenn du Ideen und Pläne hast, die zur Manifestation anstehen, stoßen die Kristallkerzen diesen Wandel an, damit er eintritt.

Du hast bestimmt schon einmal ein Teelicht gesehen, das in einem Stein, zumeist Rosenquarz oder Bergkristall, steht. Das wäre ein Beispiel für eine Kerze in einem Stein. Kerzenhalter aus Sandstein und Salzlampen sind andere Beispiele dafür. Kerzen zwischen Steinen sind ein wahrer Blickfang und erzeugen ein lebendiges Lichtspiel, das den ganzen Raum energetisiert. Der Schwerpunkt bei dieser Technik liegt auf der Energetisierung des Elements Erde, so wird das Handeln angeregt.

Es ist ganz einfach, sich seine eigenen Kerzen in Steine zu stellen. Suche dir eine Kerze (oder Teelicht) aus, stelle sie in die Mitte eines kleinen Tellers und lege deine eigenen Steine darum herum. Das hat eine Doppelwirkung: Du lädst deine Steine mit Energie auf, während du gleichzeitig manifestierst.

Hier ist ein schönes Beispiel für dich: Umgib das Teelicht mit einer Menge gelber und orangefarbener Steine, wie etwa orangefarbener Aventurin, Citrin (gelben Quarzkristall), Goldschmuck oder gelbes Glas. Damit manifestierst du Reichtum.

Positives Gefühl:
>Ich empfinde Liebe für die Schönheit von allem.

Positiver Gedanke:
>Ich erschaffe Reichtum in meinem Leben.

Positives Handeln:
>Ich bringe Reichtum durch meine Taten hervor.

Positiver Wille:
>Ich bin motiviert und voller Energie.

Positive Energie:
>Meine natürlichen Fähigkeiten unterstützen meine Leistungen.

Eine Kerze in einem Stein ruft eine Verschiebung, einen Wandel hervor. Das Feuer der Kerze entfacht deine Energie. Diese Energie versetzt dich dann in eine verbesserte Ausgangslage (körperlich, geistig und seelisch), wodurch sich positive Energie in deinem Leben manifestiert.

Duft und Steine

Duft – Räucherwerk, ätherische Öle, Parfüm – verbunden mit der Energie von Steinen ist eine andere schöne und machtvolle Kombination zum Manifestieren. Räucherwerk, das seit Jahrtausenden zur Steigerung der geistigen Fähigkeiten eingesetzt wird, kann zusammen mit Steinen zur Verstärkung eines positiven Wandels dienen. Aromatherapie, die sachkundige Anwendung reiner ätherischer Öle für die körperliche Heilung und eine Beeinflussung der Gefühle, ist ebenfalls ein natürliches Beiwerk zur Energie von Heilsteinen.

Parfüms in allen Formen, künstlich oder natürlich, können ebenfalls benutzt werden, aber achte sorgfältig darauf, daß die Namen und Düfte mit deinen Zielen übereinstimmen.

Lege die Steine am besten neben dein Parfüm, die Aroma-Duftlampe oder den Räucherstäbchenhalter. Denke auch daran, einen Stein neben den ätherischen Ölen aufzubewahren, um die Energie des Öls anzuheben. Einfache Essenzen wie Rose, Zitrone, Orange oder Ylang Ylang haben besondere Eigenschaften, die du zusammen mit einzelnen Steinen verwenden kannst, um die Wirkung der Aromen zu steigern. Du kannst auch verschiedene ätherische Öle und Räucherwaren miteinander mischen, um Frieden, Liebe, Harmonie, eine Reinigung und Loslösung zu manifestieren. Aromatherapeuten schaffen z. B. bestimmte Ölmischungen für die Manifestation, und das kannst du auch. Vergewissere dich, daß die von dir benutzten Öle zu 100% reine ätherische Öle sind und dein Räucherwerk natürlich ist.

Die Manifestations-Ölmischung sollte mit deinem Geruchsempfinden und deinen Absichten gut harmonieren. Verwende Steine und Duft, um die Energie bei dir zu Hause zu erhöhen.

Beispiele:
Um Reichtum zu manifestieren, verwende eine Mischung aus Zitrone, Bergamotte und Muskatellersalbei neben einem Stein.

Empfohlener Heilstein für Reichtum:

Citrin

Um eine Liebesbeziehung zu manifestieren, verwende Rosengeranienöl, Ingwer oder Jasmin neben einem Stein.

> **Empfohlene Heilsteine für eine Liebesromanze:**
>
> Kunzit oder Morganit
>
>

Wasser und Steine

Wasser und Steine verbinden Gefühle (Wasser) und Handlungen (Steine) miteinander, und so wird die Manifestation deines Herzenswunsches durch positives Handeln erleichtert. Eine natürliche Wasserquelle ist der kraftvollste Ort zum Manifestieren. Fahre ans Meer oder an einen Fluß, zu einem Vulkankrater oder an eine Quelle, denn diese Plätze hält die Natur für uns bereit, damit wir dort Antwort auf unsere Fragen finden. Oder aber diese Naturschauplätze bieten Felsen voller Energie, mit Steinen, Sand und Schönheit, und diese versetzen dich in einen losgelösten Raum, wo du deine neue Zukunft entwerfen kannst.

Wenn dir die Manifestationstechniken mit Wasser und Steinen gefallen, überlege dir, ob du dir ein eigenes Wasserspiel gestalten willst. Dein Wasserspiel kann einfach nur aus ein paar Trommelsteine in einer Glasschale mit klarem Wasser bestehen oder so kunstvoll sein wie ein imposanter Wasserspringbrunnen in deinem Garten. Lasse dich ganz entspannt neben deinem Wasserspiel nieder und richte dich in Gedanken voll und ganz auf dein Zukunftsbild aus.

Edelsteinwässer sind ebenfalls ein magischer Weg, die Energie von Wasser und Steinen zu vereinen. Michael Gienger und Joachim Goebel haben ein wunderschönes Buch mit dem Titel *Wassersteine – Das Handbuch zum Edelsteinwasser** geschrieben. Richte dich nach den Grundsätzen in diesem Buch, wenn du Wasser und Steine für Heilung, Ausgleich und Energetisierung miteinander kombinieren willst. Achte sorgfältig darauf, welche Steine du in oder neben das Wasserspiel oder in das Edelsteinwasser legst. Steine, die quarzhaltig sind, wie etwa Amethyst, Citrin oder Achat, sind am besten für Wasserspiele geeignet. Denk daran, daß manche Steine sich in Wasser auflösen, und du willst doch nicht einen wertvollen Stein verlieren! Andere Steine wiederum sind giftig; im Zweifelsfall erkundige dich lieber in deinem Steinladen vor Ort oder forsche selbst nach.

---

* Michael Gienger und Joachim Goebel, *Wassersteine – Das Handbuch zum Edelsteinwasser: 100 Steine in Wirkung und Anwendung*, Neue Erde Saarbrücken 2007

Empfohlener Stein für ein Wasserspiel:

Der Kieselstein hilft dir dabei, das Beste aus jeder Gelegenheit zu machen.

Lege vorsichtig ein paar Kieselsteine auf den Boden einer durchsichtigen Glasvase und füge eine Schwimmkerze oder eine Blume hinzu. Mit dieser Kombination vereinst du die Elemente Erde, Luft, Feuer und Wasser, und du erreichst, daß du dich zu Hause viel wohler fühlst.

Meditation und Steine

Die Meditation kann ein wertvoller Bestandteil deines Alltags sein. Mit ihr manifestierst du positive Veränderungen. Eine Meditation kann nur ein paar Sekunden dauern oder eine lange Einkehr sein. Durch Achtsamkeit und Konzentration gibst du dir Freiheit und Zeit, um neue Wirklichkeiten zu entdecken. Es ist vielleicht nur ein Stück in deiner gegenwärtigen Wirklichkeit, wo du deinen Schwerpunkt verlagern mußt, damit sich neue Möglichkeiten auftun. Spirituelles Denken durch Meditation führt zu Wachstum und persönlichem Aufstieg. Beziehe Steine in jede Meditation mit ein. Du könntest sie auf deine Chakren legen oder um dich herum, in einer bestimmten Formation oder wahllos, wie es dir gerade einfällt.

Für alle Meditations-Anfänger: Suche dir einen Platz der Ruhe und Geborgenheit, nimm eine bequeme Haltung ein und halte einen Stein in der Hand, den du dir für diese Zeit und diesen Ort ausgesucht hast. Atme ruhig und entspannt. Konzentriere dich auf deinen Stein und nimm an ihm jede Einzelheit wahr, werde in deiner Vorstellung zu diesem Stein und erfülle deinen Geist mit seiner Farbe.

Untersuche den Stein weiter, bis deine Augen schließlich auf einer schönen Fläche verweilen. Erlebe den Energiefluß zwischen dir und dem Stein. Wenn du bereit bist, »zurückzukommen«, werde dir langsam der Dinge um dich herum gewahr, lege den Stein neben dich und bewege deine Finger und Zehen. Sprich ein kurzes Dankesgebet, um deine Meditation abzuschließen.

Empfohlener Heilstein für die Meditation:

Alabaster (Onyx) fördert Verstehen, Gelassenheit und Erleuchtung.

Affirmation:
  DAS GÖTTLICHE IN MIR EHRT DAS GÖTTLICHE IN DIR.

Massage und Steine

Bei einer Massage mit Steinen kann man entweder mit dem Stein die Haut berühren (Edelsteinmassage) oder den Stein neben oder unter den Körper legen (Edelsteinheilung). Für die Edelsteinmassage eignen sich am besten weiche Steine, die über die Haut gleiten, z. B. Kugeln, Eier, Trommelsteine und Edelsteingriffel. Diese Techniken widmen sich Gesundheit und Wohlbefinden von Körper und Geist, was wiederum den Weg für dich und deine Fähigkeit bereitet, Positivität in deinem Leben zu manifestieren. Michael Gienger hat ein schönes Buch mit dem Titel *Edelstein-Massagen** geschrieben, das sich eingehender mit diesen Techniken befaßt.

Musik und Steine

Verbinde Musik mit Heilsteinen, indem du einen Stein in der Hand hältst, während du entspannender oder anregender Musik lauschst. Höre dir insbesondere Kristall-Klangschalen, Glocken und Klangspiele an, da diese Instrumente so gefertigt sind, daß sie »reine Töne« erzeugen. Die Musik stellt heilsame Schwingungen dar, die mit deinem physischen und spirituellen Körper in Resonanz gehen. Der Klang verfeinert deine Energie, indem er dich in einen höheren Bewußtseinszustand versetzt. Wenn du im Einklang bist, fällt dir das Manifestieren leichter.

---

* Michael Gienger, *Edelstein-Massagen*, Neue Erde, Saarbrücken 2004

Schmuck

Schmuck zu entwerfen, kann ein einzigartiger und anregender Weg sein, um mit Steinen zu manifestieren. Seit Jahrtausenden schmücken sich die Menschen mit schönen Steinen, und zum Glück ist das heute immer noch so. Es sind die einschneidenden Abschnitte im Leben, bei denen die Gabe eines besonderen Schmuckstücks einen riesigen Unterschied macht. Zum Beispiel könnte man zur Entbindung ein Armband oder eine Halskette (aus Granat) schenken; während in Zeiten starker Belastung oder großer Sorgen das richtige Schmuckstück (Jaspis bzw. Mondstein) Ausdauer und Geduld steigern oder die Einstellung von jemandem verändern kann.

Bringe Steine in dein Leben, und hilf auch anderen, ihr Leben zu »kristallisieren«. Das könnte bedeuten, daß du zu Hause den Schmuck heraussuchst, den du schon besitzt, ihn auf einen Haufen legst und dir klarmachst, über welche Reichtümer du bereits verfügst. Gleiche ihn mit den einzelnen Tabellen am Anfang des Kapitels ab, und es werden vielleicht Muster erkennbar, die dir zeigen, warum du gerade in der jeweiligen Lebenslage bist und wie du am besten vorgehen solltest.

Jeder Augenblick und alles um dich herum beeinflußt sich gegenseitig, stößt sich ab und zieht sich an. Vergeude keinen einzigen Augenblick. Bemühe dich, einige der besprochenen Techniken in dein Leben einzubeziehen. Mache dir Notizen; schreibe ein »Rezeptbuch« für die Stein-Techniken, die du magst und die bei dir wirken. Sobald Dankbarkeit, Liebe und Vertrauen in deinem Leben Einzug halten, werden gute Dinge geschehen.

Stein-Rezepte für jeden Tag

Hier sind ein paar leichte Stein-Rezepte, damit du die Techniken zur Manifestation mit Heilsteinen in deinen Alltag einbauen kannst. Bei jedem einzelnen Rezept beginne damit, dir sorgfältig die Steine auszusuchen, die dir dabei helfen sollen, ein positives Ergebnis zu manifestieren.

- ⋄ Lege die Manifestations-Steine neben deinen Computer-Bildschirm und stelle den Lauftext von deinem Bildschirmschoner so ein, daß er anzeigt, was du manifestieren möchtest, z. B. *Ich bin zufrieden, weil ich meine Wünsche verwirkliche.*

- Lege die Manifestations-Steine neben die Duschkabine, das Handwaschbecken und die Badewanne. Mit duftender Seife und Musik erschaffst du einen Bereich, wo du dich mit deinen Wünschen verbinden kannst. Meeresmuscheln haben in dieser Umgebung besonders viel Kraft, weil sie deine Aura stärken. (Denk daran, daß du Steine nimmst, die sich nicht auflösen; verwende z. B. Achat.)

- Zünde Räucherstäbchen an oder eine Duftlampe und erfülle den Wohnbereich wie Küche oder Schlafzimmer (vor allem in der Nähe deiner Manifestations-Collage) mit der Energie von Heilsteinen, um deine Ziele zu manifestieren.

- Lege einen Stein in die oberste Schublade deines Schreibtischs am Arbeitsplatz, um dich darin zu unterstützen, Positivität in deinem Berufsleben zu manifestieren. Schreibe ein positives Mantra in deinen Taschenkalender, damit du deine Ziele im Gedächtnis behältst. Triff positive Entscheidungen, um das, was du täglich tust, zu ändern und um einen positiven Wandel herbeizuführen.

- Lasse einen Schutzstein wie Tigerauge oder Falkenauge im Auto liegen; mit seiner Hilfe wirst du wichtige Hinweise wahrnehmen und zum sofortigen Handeln angeregt, sobald du Warnschilder in deinem Leben siehst.

- Lege einen Stein in deine Aktentasche oder den Schulranzen deines Kindes. Malachit, Fluorit oder Mookait fördern das Lernen, ein besseres Verständnis und Optimismus.

◆ Klebe ein paar Steine auf einen Fotorahmen. Tue ein Foto von dir hinein, von einem geliebten Menschen oder einer Sache, die dir am Herzen liegt, und hänge das Bild an einen Ehrenplatz. Wenn du eine Kerze daneben brennen läßt, wird dies deine positiven Gedanken verstärken.

◆ Lege Steine (möglichst Quarzkristalle) in die Blumentöpfe draußen neben der Haustür, um positive Energie anzuziehen und gedeihen zu lassen.

Wenn du lernst, mit Steinen zu manifestieren, achte darauf, dich erst auf deine eigenen Ziele zu konzentrieren und deine eigene Lage zu verbessern, bevor du dich mit deinem Partner, den Kindern und Freunden befaßt. Bist du glücklich darüber, wie sich dein Leben gerade verändert, kannst du anfangen, deine Manifestationstechniken mit den Menschen zu teilen, denen du vertraust. Du wirst so manche Techniken in diesem Kapitel finden, von denen du dich angesprochen fühlst und von anderen wiederum weniger. Du solltest nur die Techniken anwenden, mit denen du gut zurechtkommst. Schreibe es auf, wenn du merkst, daß dein Leben sich zum Besseren wendet. Und bei jeder Stein-Technik erinnere dich an die Hohen Fünf:

Gefühle	Wasser	Emotionale Verbundenheit
Gedanken	Luft	Positive Kommunikation (mit Klarheit)
Handeln	Erde	Positives Handeln (mit Vorsatz und Fleiß)
Wille	Feuer	Bewegung (mit Zuversicht und Begeisterung)
Energie	Geist	Standhaftigkeit und Entschlossenheit

Am Ende des Buches findest du – wie schon gesagt – eine umfangreiche Liste der Manifestations-Eigenschaften von Steinen, die über achtzig lebensnahe Erfahrungen abdeckt, wie etwa die Manifestation von Reichtum, Anmut und Spaß. Außerdem werden die Steine aufgeführt, die am besten geeignet sind, einen positiven Wandel im jeweiligen Bereich zu unterstützen. Denke immer daran, ganz natürlich und kreativ zu sein. Nutze deine vorhandenen Werkzeuge, bevor du losgehst und Dinge kaufst, die du gar nicht brauchst. Probiere verschiedene Techniken aus und schreibe dir die Stein-Rezepte zur künftigen Verwendung auf.

Die Manifestation des Weltfriedens beginnt in dem Geist eines Menschen und endet in den Herzen aller.

Stein-Rezepte zur Manifestation

Die Stein-Rezepte zur Manifestation sollen Spaß machen und kreativ sein. Sie sollten die Dinge einbeziehen, die du schon in deinem Leben besitzt, aber auch ein paar neue Erfahrungen mit sich bringen. Hier sind ein paar praktische Beispiele, wie man Stein-Rezepte zum Manifestieren schafft. Fünf Stein-Rezepte werden vorgestellt, um Liebe, Reichtum, eine Berufung, Gesundheit und Wohlbefinden sowie Spiritualität zu manifestieren.

Jedes Rezept enthält:
- eine Zutatenliste, die mit den Hohen Fünf übereinstimmt
- einen vorgeschlagenen Heilstein, den du verwenden könntest
- einen Beispieltext, der dir hilft, die Veränderung zu manifestieren
- ein Mantra, das den positiven Gedanken unterstützt
- eine Handlung, die dazu beiträgt, einen positiven Wandel in dein Leben einzuladen.

Du kannst natürlich jeden Stein durch einen anderen ersetzen, den du bereits hast, und die Umgebung an einen Platz verlegen, der für dich besser erreichbar ist. Ich möchte dir außerdem vorschlagen, das Lo Shu-Gitter einzubeziehen, das im Feng Shui eingesetzt wird. Durch die Anwendung des Feng Shui gleichst du das Chi in deinem Zuhause aus und lädst positive Energie in deine Zukunft ein. Das Feng Shui stellt einen Weg zum Manifestieren durch Entrümpelung dar, wodurch Raum für neue Dinge geschaffen wird, die dann Einzug in dein Leben halten können.

Die nachstehende Tabelle stellt ein Lo Shu-Gitter dar, eine Feng Shui Karte für dein Zuhause. Das Lo Shu-Gitter wird benutzt, um die Bereiche in deinem Heim zuzuordnen, und veranschaulicht, wie du deinen Grundriß in neun gleichgroße Quadrate unterteilst. Die Tabelle weist die Feng Shui-Bereiche sowie die Farbe und Edelsteine aus, die zu jedem Bereich passen. Gleiche die Unterkante des Lo Shu-Gitters mit der Lage deines Hauseingangs ab, um die verschiedenen Bereiche in deinem eigenen Zuhause zu ermitteln. Wenn du über zwei oder drei Etagen verfügst, wende das Lo Shu-Gitter für jedes Stockwerk einzeln an, wobei der untere Rand mit dem Erdgeschoß übereinstimmen muß. Die meisten Haustüren befinden sich übrigens im Bereich »Karriere und Lebensweg«.

Lo-Shu Gitter (oder Drei-Türen-Bagua)

Reichtum und Wohlstand	Ruhm und Anerkennung	Liebe und Partnerschaft
türkis – hellblau	*rot oder violett*	*gelb – rosa – orange*
Türkis, Fluorit, Chrysopras	Granat, Amethyst, Rubin	Rosenquarz, Rhodochrosit, Kunzit
Familie, Gemeinschaft	Gesundheit	Kinder und Kreativität
grün	*gelb – rosa – pfirsichfarben*	*gold- oder silberfarben*
Smaragd, Dioptas, Jade	Karneol, Bernstein, gelber Calcit	Diamant, weißer Achat, weißer Onyx
Wissen und persönliches Wachstum (Meditation)	Karriere und Lebensweg	Hilfreiche Menschen, Engel und Reisen
gelb – orange	*blau oder schwarz*	*weiß, magentarot, metallfarben*
Rutilquarz, Mookait	Aquamarin, blauer Lace-Achat, Lapislazuli	Bergkristall, Selenit, weißer Marmor

Als ein Beispiel, wie die Tabelle benutzt werden kann, lege einen weißen Achat in deinen »Kinder-Bereich«, um die Fruchtbarkeit zu steigern. Ein Karneol in deinem »Gesundheits-Bereich« verbessert deine Gesundheit. Die für jeden Bereich vorgeschlagenen Heilsteine sind sowohl mit dem Energiefluß des Feng Shui als auch mit der Farbtherapie im Einklang und manifestieren harmonisch Positivität in deinem Leben.

STEIN-REZEPT:

Manifestation von Liebe

Probiere dieses Stein-Rezept aus, wenn es dir gerade am wichtigsten ist, etwas Positives im Bereich Liebe zu manifestieren.

Die Hohen Fünf	Gefühle	Gedanken	Handeln	Wille	Energie
Elemente	Wasser	Luft	Erde	Feuer	Geist
Rezept	Liebe	Mantra	Feng Shui	Leidenschaft	Parfüm

Steine

Suche dir einen Stein aus, der am besten zu deinem Ziel »Beziehung« paßt, und halte ihn in der Hand. Folge deiner Intuition oder orientiere dich an den unten aufgeführten Beispielen:

Freundschaft – Kunzit oder Mondstein

Romantische Beziehung – Rubin oder Morganit

Heirat – Diamant, Saphir oder ein Edelmetall

Seelenpartner – klare Steine (Quarz, Diamant, Glas usw.)

Umgebung

Der beste Rahmen für die Anwendung dieses Rezeptes ist in der Nähe von Wasser, sei es das Meer, ein Fluß oder ein kleines Wasserspiel bei dir zu Hause. Trage ein mit Edelsteinen angereichertes Parfüm.

Brief

Benutze einen schwarzen oder roten Stift auf rosafarbenem Seidenpapier und schreibe so viel du kannst über deine Wünsche und Bedürfnisse auf, als ob deine Sehnsüchte sich in deinem Leben bereits manifestiert hätten. Führe genau auf, was du in einer Beziehung erwartest, was du zu bieten hast und wie dankbar du bist.

Anregung: Ich habe einen phantastischen Menschen an meiner Seite, der sein Leben mit mir teilt. Er respektiert und liebt mich, und unser Leben ist glücklich. Unsere Beziehung vermittelt Ehrlichkeit, Treue und Geborgenheit. Unsere Liebe wird jeden Tag tiefer. Wir unterstützen uns gegenseitig bei unseren Lebenszielen und in dem karmischen Streben, der Bestimmung unserer Seele. Ich bin großzügig, mitfühlend, verständnisvoll, und meine Liebe und das Vertrauen in unsere Beziehung wachsen und wachsen. Ich bin so überaus dankbar für die Unterstützung, Freundlichkeit und Hoffnung, die dieser Mensch mir gibt, und ich zeige es in den kleinen Dingen, die ich täglich für ihn tue. Von heute an ändere ich meine Lebensweise, so daß neue Menschen hinzukommen können, und ich sehe meine alten Freunde in neuem Licht.

Mantra
Fasse deinen Wunsch in einem einfachen Manifestations-Mantra zusammen und stimme es an.

Vorschlag: *Ich bin verliebt.*

Handeln
Sprich dein neues Mantra immer und immer wieder, zunächst mit lauter Stimme, dann – sobald du dir sicher bist, daß die Worte stimmen – sage es im Geist. Es kann sein, daß deine Gefühle aufbrausen; Trauer stellt sich ein oder womöglich überfluten dich zunächst Einsamkeit und Hoffnungslosigkeit; später wirst du deine Worte glauben, und dann kann sich die Liebe manifestieren.

Lege deinen Brief an einen gut sichtbaren Platz bei dir zu Hause, und zwar in den Beziehungs-Bereich nach dem Feng Shui. Habe den Stein immer dabei. Erweise dir selbst Liebe und Freundlichkeit, wenn du den Stein und den Brief bemerkst. Stelle auch ein paar Liebessymbole in den Feng Shui-Beziehungs-Bereich bei dir zu Hause.

STEIN-REZEPT:

Manifestation von Reichtum

Probiere dieses Stein-Rezept aus, wenn es dir gerade am wichtigsten ist, etwas Positives im Bereich Reichtum zu manifestieren.

Die Hohen Fünf	Gefühle	Gedanken	Handeln	Wille	Energie
Elemente	Wasser	Luft	Erde	Feuer	Geist
Rezept	Reichtum	Brief	Geldkasten	Erwerb	ausdehnend

Steine
Suche dir einen Stein aus, der sich am besten dazu eignet, Reichtum zu manifestieren, und halte ihn in der Hand. Folge deiner Intuition oder orientiere dich an den unten aufgeführten Beispielen:

Finanzen – Lapislazuli, Citrin, Rutilquarz, Serpentin oder ein Edelmetall

Umgebung
Der beste Rahmen für die Anwendung dieses Rezeptes ist ein öffentlicher Park, besonders ein Naturpark, wo riesige Findlinge, Felsen oder Klippenwände sichtbar sind. Du kannst diese Kulisse bei dir zu Hause nachempfinden, indem du deine großen Steine als Gruppe arrangierst und sie auf ein Stück grünen Stoff legst. Vergewissere dich, daß deine Brieftasche nur Geld und wichtige persönliche Papiere enthält. (Nimm sämtliche Kassenbelege, Quittungen und lose Zettel heraus!)

Brief
Benutze einen schwarzen oder goldenen Stift auf grünem oder gelbem Papier und schreib so viel du kannst über deine Wünsche und Bedürfnisse auf, als ob sich deine Sehnsüchte in deinem Leben bereits manifestiert hätten. Führe genau auf, wonach du im Leben suchst, was du zu bieten hast und wie dankbar du bist.

Anregung: Ich »rekristallisiere«* mich durch vorteilhafte Wechselwirkungen. Ich fühle mich reich, sicher und beschützt. Günstige Gelegenheiten und ein ethisches Verhalten befördern meinen

---

* Anm. d. Übersetzerin: Der Begriff ist aus der Metallkunde entlehnt. Bei der Rekristallisation eines Metalls löst sich das alte Gitter durch den Glühprozeß auf und erhält nach dem Abkühlen ein neues, feinkörnigeres Gefüge. Während seines inneren Wachstums erfährt der Mensch eine vergleichbare Sublimierung.

Erfolg. Ich habe genug Geld, um mir mein beseeltes Leben zu leisten und viel davon abzugeben. Ich treffe positive Entscheidungen, die einen Widerhall im Leben anderer finden und Glück um mich herum manifestieren. Ich bin großzügig und werde auch weiter großzügig sein, wenn mein Einkommen steigt, da ich weiß, daß Wohltaten und Freundlichkeit zu einem glücklicheren Weg führen, dem ich folgen soll. Ich bin sehr dankbar, daß ich in dieses Leben hineingeboren wurde und in diesem Land leben darf. Ich bin für die Gelegenheiten in meinem Leben dankbar.

Mantra
Fasse deinen Wunsch in einem einfachen Manifestations-Mantra zusammen und stimme es an.
   Vorschlag: *Ich bin reich.*

Handeln
Sprich dein neues Mantra immer und immer wieder, zunächst mit lauter Stimme, dann – sobald du dir sicher bist, daß die Worte stimmen – sage es im Geist.
   Schreibe dein Mantra auf ein gelbes Stück Papier und bewahre es in deiner Brieftasche auf. Lege deinen Brief in einen Kasten, den du mit Kristallstückchen und Bildern verzierst, für die du dein Geld ausgibst. Bewahre den Kasten dort auf, wo du sonst deine Rechnungen hintust, gewöhnlich auf einen Tisch mitten im Raum. Hefte die Rechnungen statt dessen in einer Ordnerablage in deinem Arbeitszimmer ab. Bewahre einen kleinen Edelstein in deiner Rechnungsakte auf. Lege Kleingeld, Gutscheine und Anlageinformationen in deinen Geldkasten hinein.

STEIN-REZEPT:

Manifestation deiner Berufung

Probiere dieses Stein-Rezept aus, wenn es für dich gerade am wichtigsten ist, etwas Positives hinsichtlich deiner Berufung zu manifestieren.

Die Hohen Fünf	Gefühle	Gedanken	Handeln	Wille	Energie
Elemente	Wasser	Luft	Erde	Feuer	Geist
Rezept	Individualität	Brief	Fähigkeiten	Kerze	Musik

Steine

Suche dir einen Stein aus, der sich am besten dazu eignet, deine Karriere voranzubringen, und halte ihn in der Hand. Folge deiner Intuition oder orientiere dich an den unten aufgeführten Beispielen:

Berufung – Aventurin, Saphir, Muscheln, Glas oder ein Edelmetall

Umgebung

Der beste Rahmen für die Anwendung dieses Rezeptes ist eine angenehme Umgebung und eine weiße Kerze, auf der du mit schwarzer Tinte das Wort »Berufung« geschrieben hast. Zünde die Kerze an. Spiele deine Lieblingsmusik ab.

Brief

Benutze einen schwarzen oder blauen Stift auf weißem Geschäftspapier und schreibe so viel du kannst über deine Wünsche und Bedürfnisse auf, als ob sich deine Sehnsüchte in deinem Leben bereits manifestiert hätten. Führe genau auf, wonach du in deinem Berufsleben suchst, was du zu bieten hast und wie dankbar du bist. Anregung: Ich bin ehrlich, höflich und professionell. Ich freue mich über den Beruf, den ich habe. Meine Berufung ist wichtig für meine Selbstachtung, weil sie ausdrückt, wer ich in meiner Welt bin. Die Leute kennen mich dadurch, was ich tue. Ich genieße es, in einer produktiven Umgebung zu sein, mein Beitrag macht einen Unterschied, und durch die Arbeit, die ich verrichte, sehe ich die Dinge wachsen. Die praktischen Beziehungen bieten mir Gelegenheiten, um meine seelischen Verpflichtungen zu erfüllen. Mein besonderes Fachgebiet bildet die Grundlage für die finanzielle und spirituelle Belohnung. Die Arbeit verrichte ich wie eine heilige Handlung, die einem höheren Wohl dient; sie ist eine großzügige Gabe an das Leben, das ich führe. Die Menschen in meinem Arbeitsumfeld sind respektvoll, loyal und aufgeschlossen. Ich bin dankbar, weil ich meinen Platz in der Welt kenne.

Mantra
Fasse deinen Wunsch in einem einfachen Manifestations-Gedanken zusammen und stimme ihn an.
   Vorschlag: *Ich arbeite mit meinen natürlichen Fähigkeiten.*

Handeln
Sprich dein neues Mantra immer und immer wieder, zunächst mit lauter Stimme, dann – sobald du dir sicher bist, daß die Worte stimmen – sage es im Geist. Es kann sein, daß deine Gefühle aufbrausen; nimm diese Emotionen an und lenke sie zu Vertrauen und Hoffnung. Lege deinen Brief mit einem Stein darauf in die oberste Schreibtischschublade, besonders wenn du eine Beförderung oder einen Berufswechsel anstrebst. Lege ihn in die oberste Schreibtischschublade im Arbeitszimmer daheim, wenn du einen neuen Arbeitsplatz und ein Gleichgewicht zwischen Arbeit und deinem Leben manifestieren willst. Aktualisiere deinen Lebenslauf und beobachte deinen Marktwert aufmerksam.

STEIN-REZEPT:

Manifestation von Gesundheit und Wohlbefinden

Probiere dieses Stein-Rezept aus, wenn es dir gerade am wichtigsten ist, gute Gesundheit und Wohlbefinden zu manifestieren.

Die Hohen Fünf	Gefühle	Gedanken	Handeln	Wille	Energie
Elemente	Wasser	Luft	Erde	Feuer	Geist
Rezept	Optimismus	Foto	Pflanzen	Kerzen	Atmen

Steine

Suche dir einen Stein aus, der sich am besten dazu eignet, deine Gesundheit und dein Wohlbefinden zu verbessern, und halte ihn in der Hand. Folge deiner Intuition oder orientiere dich an den unten aufgeführten Beispielen:

Gesundheit – Kupfer, Wasserachat, Moosachat, grüner Fluorit

Glück – Erdbeerquarz, Aqua Aura (Anm. der Übers.: mit Gold bedampfter Bergkristall), Goldfluß, synthetisch (Aventuringlas, Goldstein)

Hoffnung – Shiva Lingam (Sandstein), Regenbogenfluorit

Umgebung

Der beste Rahmen für die Anwendung dieses Rezeptes ist ein kleiner, abgeschiedener Garten, der von natürlichem Licht und gesunden Pflanzen umgeben ist. Wenn es möglich ist, lege ruhig ein Foto von dir auf den Boden, als du glücklich und gesund warst, und umgib das Foto mit vier angezündeten Teelichtern. Atme tief und regelmäßig, während du die Energie, die dir von deiner schönen Umgebung geschenkt wird, annimmst.

Brief

Benutze einen grünen oder roten Stift auf weißem Geschäftspapier und schreibe so viel du kannst über deine Wünsche und Bedürfnisse auf, als ob deine Sehnsüchte sich in deinem Leben bereits manifestiert hätten. Führe genau auf, wonach du im Gesundheitsbereich suchst, was du jetzt hast und wie dankbar du bist.

Anregung: Mein Optimismus im Leben hilft mir und meinen Angehörigen im Glauben und in der Liebe zu wachsen. Meine gereiften Absichten nähren positive Entscheidungen und eine gute Gesundheit. Aufgeschlossenheit, Geistesklarheit und Gleichgewicht sind befreiend. Ich genieße es, draußen zu sein. Indem ich meinen Geist, meinen Körper und meine Seele vereine, stelle ich mein Wohlbefinden wieder her. Ich bin Harmonie, Gleichgewicht und innerer Friede in meinem Leben. Meine interessante Lebensweise rührt von wohltuender körperlicher Betätigung her, von Meditation und Visualisierung. Ich verstehe meine eigene Gesundheit. Ich nehme heute Hilfe an. Ich begutachte alle Möglichkeiten, um meine gesunde Lebensweise noch zu steigern.

Mantra
Fasse deinen Wunsch in einem einfachen Manifestations-Gedanken zusammen und stimme ihn an.

Vorschlag: *Ich führe ein bereicherndes, erfülltes und gesundes Leben.*

Handeln
Erstelle eine Foto-Collage mit Bildern von dir, als du dich wohl und glücklich gefühlt hast. Füge Bilder von Urlaubszielen hinzu, eine Auswahl gesunder Lebensmittel, Rezepte, schöne Landschaftsmotive und geplante Aktivitäten im Freien. Stelle dir ein paar Aufnahmen mit motivierender Musik zusammen, die du abspielen kannst, während du Sport treibst. Achte darauf, daß die Musik wirklich im Einklang mit deinen gesundheitlichen Zielen ist.

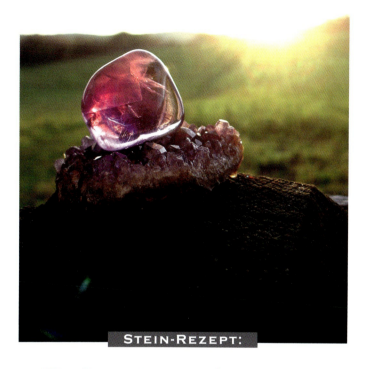

STEIN-REZEPT:

Manifestation von Spiritualität

Probiere dieses Stein-Rezept aus, wenn du eine positive spirituelle Entwicklung in deinem Leben manifestieren willst.

Die Hohen Fünf	Gefühle	Gedanken	Handeln	Wille	Energie
Elemente	Wasser	Luft	Erde	Feuer	Geist
Rezept	zentriert	Mantra	Chakra	Mandala	Aufgestiegene Meister

Steine
Suche dir einen Stein aus, der sich am besten dazu eignet, deine spirituelle Entwicklung zu vervollkommnen, und halte ihn in der Hand. Folge deiner Intuition oder orientiere dich an den unten aufgeführten Beispielen:

Spiritualität – Amethyst, Spinell, Rosenquarz, Prasiolith-Amethyst (Sambesit)

Umgebung
Setze dich drinnen gemütlich an einen Tisch und mache ein Mandala. Du kannst selbst ein Bild gestalten oder eines aus dem Internet herunterladen. Zünde deine Lieblingskerze an und stelle sie auf den Tisch, an dem du arbeitest.

Mandala
Fülle alle Bereiche des Mandalas aus – male sie aus, verwende farbigen Sand und Klebstoff und/oder klebe Steinsplitter auf. Indem du dein eigenes Mandala gestaltest, entsteht bei dir ein Gefühl von Einheit und Ganzheit, wodurch dein Geist erweckt wird und sich entfaltet. Nimm ein paar farbige Steine aus deiner Sammlung hinzu, die mit deinen Chakren harmonieren (in rot, orange, gelb, grün/rosa, blau, violett, weiß).

Mantra
Vorschlag: *Ich BIN in diesem Moment. Mein Denken ist voller Erfurcht vor allem, was sichtbar und unsichtbar ist. Ich bin dankbar für diesen Moment.*

Handeln

Nimm dein Mandala und die Chakra-Steine und suche dir einen Platz, wo du sicher und bequem liegen kannst, drinnen oder draußen. Plaziere das Mandala zu deinen Füßen, leg dich hin und tue die Chakra-Steine auf deine Chakren. Lasse dir ein Gebet einfallen, das du sprichst, während du daliegst. Visualisiere die Vertreter der spirituellen Glaubenssätze, an denen du festhältst, seien es Engel, Jesus Christus, Buddha, Kwan Yin und/oder andere aufgestiegene Meister. Verbringe etwas Zeit in stiller Meditation und wandere im Laufe der Zeit mit deiner Aufmerksamkeit zu deinen Chakren. Stelle Bilder von den Aufgestiegenen Meistern bei dir zu Hause auf, um dich daran zu erinnern, daß du niemals allein bist.

Positivität speichern

Das Leben ist großartig, wenn die Dinge ihren Gang gehen, wenn das, was wir planen, von Erfolg gekrönt ist und wir unseren Weg gut erkennen können. Aber wir alle wissen, daß das Leben manchmal seine Schwierigkeiten hat, sobald sich das Leben, das wir kennen, durch eine unerwartete Schicksalswendung ändert, vielleicht sogar für immer. Unser Wunsch, gerade jetzt auf diesem Planeten verkörpert zu sein, muß einfach da sein, damit wir leben, Erfahrungen sammeln, lernen und wachsen können – oder wozu sonst sollten wir hier sein? Allerdings kann sich unsere Lebenseinstellung völlig ändern, je nach dem, was für einen Tag wir gerade haben und welche Schwierigkeiten uns begegnen.

Die Aussicht vom Gipfel der Freude ist völlig anders als im dunklen Jammertal; und gerade in dieser Dunkelheit bietet sich ein Rückhalt an, ein energetisches Polster oder ein Vorrat an Positivität.

Das Konzept, Positivität zu speichern, läßt sich damit vergleichen, einen Notgroschen für schlechte Zeiten zurückzulegen. Es erfordert, daß du in dich investierst, was wiederum ein paar einfache Dinge voraussetzt, nämlich Respekt und Liebe für das Wesen, das du bist, und das Leben, das du führst. Positivität speichern bedeutet, daß du weißt, was dich glücklich macht und es dann in die Tat umsetzt.

Man kann es auch damit vergleichen, Sport zu treiben; bist du körperlich fit, erholst du dich schneller von einer Krankheit.

Mit einem Speicher an Positivität erholst du dich schneller, wenn das Leben dir Knüppel zwischen die Beine wirft. Bedenke aber, daß die Knüppel uns die Gelegenheit geben, ein Lehrer für unsere Kinder, unsere Familie und Arbeitskollegen zu sein und anderen zu zeigen, was eine gereifte Seele ausmacht. Integriere positive Änderungen in deinen Tag, speichere Positivität, und du wirst anfangen, das Glas halbvoll zu sehen (anstatt halbleer), besonders an »so einem Tag«.

Kennst du dich gut genug, um zu wissen, was dich glücklich macht? Wenn dies dein erster Schritt zur Erkenntnis ist, wer du in deiner geschäftigen Welt geworden bist und was dich nun glücklich macht, versuche, mit einem Serpentin in der leicht gewölbten Hand zu meditieren. Dieser Stein bringt deinen Wesenskern zum Vorschein, indem er deine Vergangenheit, Gegenwart und Zukunft zusammenfaßt und einbindet, d. h. rekristallisiert, so daß du dich in einen vollkommenen Seinszustand transformieren kannst.

Stelle dir zwei verschiedene Lebensentwürfe für dich vor. Im ersten Lebensentwurf verbringst du deinen Alltag hauptsächlich damit, zu klagen und dich aufzuregen. Was trägst du damit in deinem Leben zusammen: Verzweiflung und Hoffnungslosigkeit.

Diejenigen, die dich am meisten lieben, unterstützen womöglich dieses Vorgehen noch, geben dir Raum zum Jammern, halten dich, trösten dich, aber indem sie das tun, bestärken sie dich in deiner Haltung, manchmal über viele Jahre hinweg. Deine Angehörigen fördern dieses negative Muster, weil sie dich lieben und nicht wissen, wie sie dir sonst helfen könnten. Negative Muster, die von Unsicherheit, einem Trauma oder Angst herrühren, vermindern Liebe, Respekt und Ehrlichkeit in einer Beziehung, und oft bist du dir derjenigen zu sicher, die für dich sorgen. Viel Energie und Zeit wird so in einem Leben vergeudet, und Falschheit greift dann in deinem Leben Raum, und die Manifestation wird dir nicht leichtfallen.

Im zweiten Lebensentwurf verbringst du ein gut Teil deiner Zeit damit, zu lächeln, den Wolken zuzusehen, im Garten zu arbeiten, einen Plausch mit Freunden zu halten. In diesem Leben sammelst du Positivität für dich und deine Familie an; du vollziehst positive Veränderungen in deinem Leben, nimmst gute Gewohnheiten an und erhebst dich zu einer strahlenden Zukunft.

Kleine positive Veränderungen in deinem täglichen Handeln werden dich in eine Lage versetzen, wo das Manifestieren viel einfacher wird. Positiv sein lindert jene Lebenserfahrungen, für die du nicht bereit warst. Positivität speichern ist eine wertvolle Investition in dein langfristiges Wohlergehen. Mache einen Plan, wie du dich vor deinen Ängsten und Sorgen rettest. In dunklen Tagen kannst du auf deinen »Vorrat« zurückgreifen, indem du dich daran erinnerst, wie es sich anfühlt, positiv zu sein. Du wirst es zum Experten bringen.

Praktische Wege, um Positivität zu speichern
Willst du einen echten positiven Wandel in deinem Leben manifestieren, ist es notwendig, daß du deine jetzige Lebensweise änderst. Das Universum klopft an und bittet dich, neue Türen zu öffnen und neue Dinge auszuprobieren, alte, abgenutzte Dinge abzulegen und wieder Raum für gute Dinge zu schaffen, die zu dir kommen. Das kann so einfach sein wie eine gründliche Wohnungsentrümpelung, das Entsorgen von Altkleidern und Möbeln oder das Ablegen schlechter Gewohnheiten, niederdrückender Gespräche, schwieriger Menschen oder die Klärung von Karma aus den Vorleben. Ein Stein in deiner Tasche wird dir den Weg erleichtern, wenn du etwas Neues ausprobierst.

Empfohlene Heilsteine bei neuen Herausforderungen:

Lepidolith, Picasso-Jaspis, Opal

Loslassen...

Manifestiere mehr, indem du das, was du besitzt, weise gebrauchst. Hebe die Dinge nicht für einen »besonderen Anlaß« auf – benutze sie jetzt. Jeder Tag zählt. Wenn du in einem »abwartenden« Geisteszustand verharrst, wird die Manifestation nämlich genauso auf sich warten lassen. Um dich herum findet fortwährend ein Wandel statt; das ist gesund und normal. Wenn du findest, daß du an zu vielen alten, abgenutzten Dingen und Gewohnheiten hängst, manifestierst du ein starres Muster. Stelle fest, was um dich herum ist, und erkenne nach eingehender Betrachtung, welche Gefühle die Dinge in deiner Umgebung bei dir auslösen. Sind mit vielen Gegenständen, Menschen oder Gewohnheiten negative Gefühle bei dir verbunden, ändere sie langsam mit Güte und Behutsamkeit. Die Reinigung ist eine der machtvollsten Manifestationstechniken, und wenn du sie dir angewöhnst, wird sie eine von vielen Methoden sein, um Positivität zu speichern. Wenn du einen Stein neben bestimmte Gegenstände legst, wird er dazu beitragen, die Energie, die ihr miteinander teilt, zu klären.

Empfohlene Heilsteine fürs Loslassen:

Blauer Calcit, gelber Calcit und Wassermelonenturmalin

Führe ein Tagebuch...
Führe ein Tagebuch über dein Leben; es wird dir als Gradmesser dafür dienen, wie wohl du dich fühlst und wie du dein Leben durchwanderst. Drücke darin ganz klar deine Ziele aus, welche Fortschritte du auf dem Weg dorthin machst und auch die Gefühle von Belohnung, wenn du praktische Dankbarkeit anwendest. Denke daran, dich zu belohnen, wenn du schmerzvolle Ereignisse annimmst und losläßt. Bringe einen Stein an der Vorderseite deines Tagebuchs an, um eine ehrliche Kommunikation zu fördern.

Empfohlene Heilsteine für eine ehrliche Kommunikation:

Ammolith, Türkis

Zeichne deine Träume auf...
Außer dem Tagebuch könntest du deine Träume aufzeichnen, indem du sie niederschreibst und auswertest. Dabei konzentrierst du dich darauf, was du in der Nacht geträumt hast und welche Ein-

zelheiten in deinem Traum vorkamen. Lege deine Aufzeichnungen neben das Bett und klebe Steine auf den Einband, um einen erholsamen Schlaf und angenehme Träume zu bewirken.

> **Empfohlene Heilsteine für einen erholsamen Schlaf und angenehme Träume:**
>
> Rubin, Fuchsit, Coelestin, Selenit

Sowohl dein Tagebuch als auch deine Traum-Aufzeichnungen dienen als Wegweiser in deinem Leben und lassen dich die Folgen deines Tuns besser verstehen. Da die Energie der Heilsteine mit dir und deinem Geschriebenen wirkt, werden sich die Ideen in der Wirklichkeit manifestieren.

Gestalte deine eigene Schatzkiste...
Positivität zu speichern, besonders für Situationen, in denen Verluste auftreten, kann ein wichtiger Bestandteil des Lebens werden. Eine Schatzkiste voller Erinnerungen ist ein machtvolles Mittel, seine Gefühle auszurichten; fülle sie mit besonderen Fotos, etwas Glitzerkram, den Duftölen, die du am liebsten magst, ein paar Geldmünzen, einem Citrin und Bergkristall, einem inspirierenden Buch und anderen Dingen, die dir einfallen und die du nicht jeden Tag brauchst, aber behalten willst. Stelle deine Schatzkiste an einen Platz, wo du normalerweise nicht hinkommst, etwa hinter den Wäscheschrank. Hebe das Kästchen als eiserne Reserve auf.

Nimm es anläßlich eines Jubiläums, zu Weihnachten oder an einem Geburtstag hervor und zelebriere die Schönheit der Erinnerungen und deiner zukünftigen Möglichkeiten. Schreibe dir bei jedem Jubiläum einen Brief. Halte das fest, was dich am meisten berührt oder am heftigsten aufgewühlt hat, und verwahre die Aufzeichnungen in dem Kästchen. Diese Übung hat langfristige Vorzüge, und du wirst staunen, wie nützlich sie sein kann.

Nimm ein Tier auf...
Die Haltung und Pflege eines eigenen Tieres ist vermutlich die häufigste Art und Weise, um Positivität zu speichern. Die Liebe, die dir dein Tier schenkt, ist bedingungslos, und trotzdem braucht es dich und natürlich brauchst auch du es. Haustiere strahlen Schönheit, Zauber und Liebe aus. Und sie heben gesellschaftliche Schranken auf.

Wenn du mit einem Hund spazierengehst, kommst du auf der Straße mit allen möglichen Leuten in Kontakt. Fühlst du dich einem Tier auf körperlicher und emotionaler Ebene verbunden, bist du entspannter und ausgeglichener. Und sprichst du mit deinem Tier, wirst du wahrscheinlich noch zufriedener sein. Wenn du dir kein eigenes Haustier anschaffen möchtest oder kannst, passe gelegentlich

Empfohlene Heilsteine, um die liebevolle Bindung zu deinem Tier zu unterstützen:

Rosenquarz, Rauchquarz, Sugilith oder Türkis

auf das Tier eines Bekannten auf. Du und dein Haustier verdienen die Unterstützung von Heilsteinen. Halte einen Stein in der Hand, während du dein Haustier streichelst und/oder es liebevoll anschaust.

Gib gut auf dich acht...
Es gibt so viele Männer und Frauen, die sich eine neue Frisur zulegen, sobald sie mit Erfahrungen konfrontiert werden, die ihr Leben verändern. Eine Beziehung ist beendet, und du änderst vielleicht deine Haarfarbe; bevor du eine neue Stelle annimmst oder vor einem runden Geburtstag entscheidest du dich womöglich für einen neuen Stil. Das ist auch wieder eine Form, Positivität zu speichern; es handelt sich um eine regelmäßige Gewohnheit, die eine positive Erfahrung mit sich bringt. Dein Äußeres abzuwandeln, besonders deine Frisur, ist eine körperliche Manifestation deiner Aura, deines Geistes, der dabei ist, sich zu transformieren. Ein neuer Stil ist ein Weg für dich, anderen zu zeigen, was du fühlst, daß du dich veränderst und wächst.

Ein guter Friseur merkt das. Er oder sie hilft dir, dich neu zu erfinden, eine Veränderung vorzunehmen und ermöglicht so, daß sich Positivität in deinem Leben manifestiert. Friseure können dir beim Schnitt, bei der Farbe oder einem Stil die richtige Richtung zeigen, was deine Zuversicht unmittelbar steigert. Bevor du dich in den Salon begibst, überlege ein paar Minuten lang, wonach du in deinem Leben suchst und wie deine neue Frisur dir dabei nützlich sein kann. Es ist ganz normal, daß jemand einen Gefühlsausbruch hat, wenn er sich mit seinem neuen Aussehen unwohl fühlt; es ist nicht nur ein Haarschnitt oder eine Farbe, sondern eine Anhebung deiner Energie, die ein anderer herbeigeführt hat – ganz schön machtvoll. Sei nett zu dir, wenn du nach dem Haarschnitt in den

Spiegel siehst, schaue über das Körperliche hinweg und öffne dich für neue Gelegenheiten. Ein paar Steine in deiner Tasche während des Friseurbesuchs fördern deine positive Transformation.

Empfohlene Heilsteine für eine positive Transformation:

Pyrolusit, rosafarbener Lace-Achat, Rhodonit, Tigerauge

Empfohlene Heilsteine für das Wohlergehen deines Unternehmens:

Amethyst, Rosenquarz, Kieselstein, Edelstahl oder Spiegel

Wenn du Steine in deinen Alltag einbeziehst, während du kochst, im Garten arbeitest, Musik hörst, putzt oder einkaufst, können sie dich bei deinem Bestreben unterstützen, Positivität zu speichern. Positivität speichern ist ein Weg, das Leben zu erfahren, ohne in einer Sackgasse steckenzubleiben. Achte darauf, daß du etwas vorbereitet hast, etwas Vertrautes, etwas, das du gern hast, das dir aus diesem dunklen Ort heraushilft. Richte deinen Willen aus, mache einen Plan, wende Zeit und Mühe für dein Wohlergehen auf. Versprich dir, daß du für deine Zukunft sorgst. Dein Potential ist die

Summe aus dem Besten deiner Vergangenheit und dem Besten deiner Zukunftschancen. Behalte dein Leben im Blick, aus der Perspektive eines Adlers; achte auf das große Ganze.

Glück ist etwas, das du selbst manifestieren und zustandebringen kannst. Nur wenige besondere Menschen in deinem Leben können dir dabei helfen, das Glück zu finden; die Menschen, die dich bei deinen Zielen unterstützen, dein Chef auf der Arbeit, der deinen Einsatz und deine Professionalität schätzt, ein liebender Partner und eine glückliche Familie; sie alle bieten sich für ein glückliches Leben an. Aber dennoch gibt es einen kleinen Funken, den du in deinem eigenen Herzen am Brennen halten mußt, um glücklich zu sein, und für den nur du verantwortlich sein kannst. Steine können dazu beitragen, daß dieser Funken entzündet wird und in förderlicher Weise brennt.

Empfohlene Heilsteine fürs Glücklichsein:

Chalkopyrit und Sibirischer Quarz oder Aqua Aura Quarz-Arten

Meilensteine im Leben

Sie werden nicht umsonst »Meilensteine« genannt. Meilensteine sind hilfreiche Markierungen entlang des Lebensweges, und diejenigen, die wir kennen, zeigen uns, wie weit wir schon gekommen sind und wie weit wir noch gehen müssen. Jeder hat Meilensteine, die wichtig für ihn sind, sei es der erste Kuß, die Geburt eines Kindes, der Sieg bei einem sportlichen Wettkampf, das fünfte Weihnachtsfest;

aber die meisten von uns haben eine ganze Reihe von Meilensteinen, die unten aufgeführt sind. Eine »Meile« ist hier mit einem »Stein« verbunden, um dir zu helfen, Positivität, Frieden und Gleichgewicht bei deiner persönlichen Entwicklung zu manifestieren.

Die Geburt eines Kindes – Der Stein für die Mutter ist der **Granat** für Lebenskraft und Vertrauen. Das Metall für den Vater ist **Silber**, um Dauerhaftigkeit zu begründen. Der Heilstein für das Neugeborene ist **Bergkristall**, um positive Möglichkeiten zu fördern. Dies ist ein Fest des neuen Lebens und des Neubeginns.

1. Geburtstag oder 1. Jahrestag (Jubiläum) – Zu den geeigneten Steinen gehört der **Ammolith**, um den natürlichen Rhythmus und den Kreislauf des Lebens zu festigen, oder **klare Kristalle** zur Unterstützung der Positivität. Dies ist ein Fest der Vollendung des ersten Kreislaufs.

7. Geburtstag – Der passende Stein ist der **Angelit (Anhydrit)**, der das Kind leitet und behütet. Am 7. Geburtstag beginnt der Geist des Kindes seine Eigenständigkeit zu entwickeln.

21. Geburtstag – Als Stein eignet sich der **eigene Geburtsstein**, der einen bei seinem persönlichen Lebensweg unterstützt. Es entsteht nun eine Wechselwirkung zwischen gesellschaftlichen Erwartungen und dem eigenen Ich.

28. Geburtstag – Der richtige Stein ist **Tigerauge** für Schutz und Abgrenzung. In diesem Erwachsenenalter beginnt die Spiritualität sich zu entwickeln; es ist auch der Beginn des zweiten Umlaufs des Saturns.

Die runden Geburtstage (30, 40, 50, 60, 70 usw.) – Diese wichtigen Meilensteine solltest du zum Anlaß nehmen, um dich zu verwöhnen. Rosafarbener **Lace-Achat** und/oder **Magnesit** stärken Dankbarkeit und Akzeptanz.

Hochzeit – Als Steine eignen sich **Morganit**, **Diamant**, **Saphir** und **Rubin**, denn sie stärken Liebe, Ehrlichkeit und Treue.

Tod eines geliebten Menschen – Dieser Augenblick erfordert, daß man sich schnell und grundlegend umstellt. Die nachfolgenden Steine können den Hinterbliebenen helfen, den Verlust eines Angehörigen oder Freundes besser zu verarbeiten: **Iolith (Coerdierit)**, **schwarzer Marmor**, **Jett (Gagat)** und **Bleiglas**.

Scheidung – Die passenden Steine sind **Halit (Kristallsalz)**, **Jett (Gagat)** und **farbiges Glas**. Sie beseitigen Blockaden, enthüllen die Wahrheit und machen den Weg für die Zukunft frei.

Loslassen (von Abhängigkeiten, Gewohnheiten, Beziehungen) – Bringe den **Aventurin** oder **Chrysokoll** in dein Leben, um dein Vertrauen zu stärken und dich nicht mehr selbst zu verurteilen.

Erziehung – Alle Stufen der Erziehung werden durch den **Amazonit** gefördert, da er die mündlichen und schriftlichen Fähigkeiten unterstützt.

Erster Schultag (Einschulung) – Der **Manganocalcit** erzeugt eine Atmosphäre der Zusammenarbeit und des Respekts.

Wechsel auf die höhere Schule – Sowohl **Achat** als auch **Jaspis** fördern die eigenen Fähigkeiten, Gleichgewicht, Zielstrebigkeit und Erfolg.

Wechsel auf die Fachhochschule oder Universität – Sowohl **Malachit** als auch **Azurit** verbessern Konzentration, Vorstellungskraft und Erkenntnis.

Berufseinstieg – Der **Aventurin** vermittelt Selbstvertrauen und Glück.

Berufsausstieg – Der **Obsidian** begünstigt neue Gelegenheiten.

Geldgeschäfte – Der **Citrin** fördert positive Finanzgeschäfte.

Reisen – Der **Tektit** bringt positive Erfahrungen auf Reisen.

Spiritualität – **Weißgold** gewährt einen unablässigen Strom von Licht.

Die oben aufgeführten Steine sind lediglich Vorschläge, und vielleicht hast du bereits andere Lieblingssteine, die dir zu besonderen Ereignissen geschenkt wurden. Die Meilensteine deiner Familie bilden die Erinnerungen der Gruppe und unterstützen deine Seele in Zeiten niedriger Energie. Teile deine liebsten Meilensteine und dazugehörige Bräuche mit deinen Angehörigen. Es ist wichtig, daß du die Steine, die zu dir gekommen sind, beachtest und ihre Rolle bei deinem Wachstum anerkennst. Heilsteine sind wunderbare Begleiter auf deinem Lebensweg; vertraue darauf, daß sie dich bei deinem Ziel erfolgreich unterstützen.

Indem du die Meilensteine feierst, leitest du in deinem Leben einen wohltuenden Wandel ein. Bleibe leichten Herzens und zuversichtlich beim Auf und Ab des Lebens. Dein höheres Bewußtsein, das durch die Klarheit der Kristalle eingestimmt ist, wird dir in allen Situationen helfen. Nimm die Hilfe an, die dir die Heilsteine bieten. Entscheide dich dafür, deine gegenwärtigen Umstände zu erhellen und zu verwandeln, um positive Veränderungen in dein Leben einzulassen. Du kannst Positivität manifestieren. Du verdienst, daß dir Gutes widerfährt.

Die göttliche Sichtweise

Welche Glaubenssätze hast du? Wie sind sie entstanden? Es ist eine schöne Erfahrung, sich bewußt zu machen, was Göttlichkeit für dich bedeutet. Jedes Ereignis in deinem Leben hat dich zu den Glaubenssätzen geführt, die du heute hast. Je herausfordernder dein Leben ist, um so mehr Gelegenheiten werden dir geboten, deine Göttlichkeit zu erkennen.

Ob du nun an eine äußere oder innere Gottheit glaubst oder an eine Verbindung von beidem, nimm dir Zeit, dich wieder mit dem Göttlichen zu verbinden, und betrachte dein Leben aus diesem Blickwinkel.

Mit der göttlichen Sichtweise ist gemeint, daß du »das Gewebe deines Lebens«, deinen »Lebensteppich« als vollkommen betrachtest, auch wenn du nur die unfertige Rückseite sehen kannst, wo all die losen Fäden und Lücken sichtbar sind. Die göttliche Sichtweise eröffnet dir die Möglichkeit, einen Schritt zurückzutreten und so mit bedingungsloser Liebe in dein Leben zu gehen (oder wenigstens so weit, wie wir Menschen dazu fähig sind). Eine gewisse Distanz erlaubt einen ungetrübten Blick auf die Dinge, die in deinem Leben Angst, Wut und Anspannung auslösen.

Die göttliche Sichtweise ist der Raum, den du zwischen dir und einer negativen Reaktion aufbauen kannst. Versuche, auf negative Auslöser so zu reagieren, als ob du auf einem anderen Stern sitzen würdest; im großen und ganzen werden dich nur die Schwierigkeiten aufregen, denen du das gestattet hast. Die göttliche Sichtweise hilft dir auch, mit kristalliner Klarheit zu sehen, welches die wichtigsten Dinge sind und zu welcher Zeit sie am besten manifestiert werden sollen.

Aus dem göttlichen Blickwinkel haben sowohl der Diamant als auch der Flußkiesel ein magisches Potential und eine göttliche Bestimmung, genauso wie du, deine Familie, deine Freunde und deine Nachbarn. Jeder, der zur Zeit zu deinem Leben gehört, hat Sinn und Bedeutung. Jede Seele ist wertvoll. Jedes Ereignis und jeder Augenblick hat Auswirkungen, die deine Lebensfreude steigern können. Vergiß nicht, daß du genauso schön bist wie die Energie, die jedem einzelnen Stein innewohnt.

Empfohlene Heilsteine für die göttliche Sichtweise:

Bändereisenerz (Hämatit gebändert), Eisen-Meteorit, Danburit

Vorwärts gehen

Auch wenn du weißt, daß du bereit bist, in deinem Leben positive Veränderungen zu manifestieren, kann sich das Vorgehen in deinem Plan wie ein Schritt ins Ungewisse anfühlen. Sei ein williger Mitspieler in deinem Leben und denke daran, ausgerichtet zu bleiben. Stehe zu den Entscheidungen, die du triffst, und sei freundlich zu deinem neuen Ich, während du wächst. Löse dich von allem Alten, Negativen, dem niederdrückenden inneren Dialog und alten Mustern. Fahre mit deinem neuen, positiven, inneren und äußeren Dialog fort und manifestiere deine Wirklichkeit. Aber vor allen Dingen sei nett zu dir und liebe dein Leben.

Dein Leben kann sich ändern. Dein Leben ändert sich gerade. Seltsame, neue und wundervolle Erfahrungen erscheinen am Horizont. Selbst kleine positive Änderungen bei deinen täglichen Aktivitäten werden das Manifestieren sehr vereinfachen. Wenn du deinen Gewohnheiten verhaftet bleibst, bleibt dir wenig Freiraum für Neues, was zu dir kommen könnte. Durch neue Begegnungen könne sich Alternativen ergeben; erfrischende Ideen; andere Pfade des Denkens, Sehens und Handelns. Daher nimm lieber die Treppe statt den Fahrstuhl, besuche einen Park, probiere ein neues Café aus, gehe in neue Läden – schon ein kleiner Wandel kann die Tür aufstoßen, an die du geklopft hast.

Du verfügst über die Mittel, die Fähigkeit und den Wunsch zu manifestieren. Es ist an der Zeit, zu visualisieren und deine neue Zukunft zu erwarten. Wende positive Affirmationen an, rede positiv, manifestiere Mantras und bildliche Vorstellungen. Und mache dir die zusätzliche Energie und Motivation zunutze, die dir die Heilsteine vermitteln können. Greife regelmäßig auf die Techniken zurück, bei denen die Steine mit Mantras, Kerzen, Wasser, Musik, Aromatherapie, Massage und Meditation verbunden werden. Indem du dir Zeit dafür nimmst und dich bemühst, deine Gewohnheiten zu ändern, zeigst du dem Universum, daß du bereit für Neues bist. Gestalte die Übungen einfach und lustig – es ist dein Leben; du hast das Beste verdient.

Es gibt so viele Vorhaben: Kaufe dir einen neuen Computer, lebe gesünder, verdiene mehr Geld, verliebe dich, festige deine Beziehungen, lasse Schmerz los, bete häufiger, lerne tanzen, kaufe dir ein Haus, gewinne Vertrauen, rede in der Öffentlichkeit, suche dir eine neue Stelle, renoviere... Jedes positive Ergebnis fördert deine Energie und Positivität. Bleibe ausgeglichen und gewahr. Nutze die Zeit während der Meditation, um deine Energie neu zu sammeln. Schaue zur Inspiration auf deine Steine und betrachte sie als Freunde, die dich dabei unterstützen, das Leben zu führen, das du dir wünschst und das dir zusteht.

Um deine gegenwärtigen Muster zu ändern, mußt du vielleicht langsamer und aufmerksamer werden. Beginne ein neues Muster, indem du neue Pläne schmiedest, und lasse die Entwicklung geschehen. Wenn du diese positive Affirmation wiederholst, wird sie dir helfen, deine Unsicherheit zu überwinden:

Ich bin stark.
Ich bestimme, welche Entscheidungen ich treffe.
Ich weiß, wo es langgeht.

Empfohlene Heilsteine, um Hoffnung während des Wandels zu wecken:

Shiva-Lingam, Regenbogenfluorit

Positives Handeln, deine gebündelte Willenskraft, die Energie der Heilsteine und das richtige Timing ziehen in deinem Leben positive Ergebnisse an. Die Steine wirken in einzigartiger Weise mit dir zusammen, um deinem höheren Zweck zu dienen, indem deine Absichten neu ausgerichtet und deine Wünsche fokussiert werden. Die Kristall-Synchronisation gleicht Zeit, Energie und Wünsche an, so daß sich positive Veränderungen manifestieren, und sie fördert das nötige Gewahrsein, zur richtigen Zeit um die richtigen Dinge zu bitten.

Bist du erst »synchron«, werden die Dinge und Ereignisse, die sich an deinem karmischen Horizont abzeichnen, ihren Weg zu dir finden, und zwar genau zum richtigen Zeitpunkt. Je mehr Erfahrungen du mit dem göttlichen Timing machst, desto mehr Vertrauen wirst du haben. Ein »zauberhaftes« Leben zu manifestieren beruht auf deinem Vertrauen, aber auch darauf, sich freuen zu können. Nimm dir Zeit für lustige und glückliche Zeiten. Sorge dafür, daß deine Lebensreise voller Glück ist, indem du positive Entscheidungen triffst.

Dankbarkeit ist der Schlüssel dafür, die Dinge zu manifestieren, die du dir wünschst. Verbringe jeden Tag etwas Zeit damit, die

Schönheit und das Glück um dich her wahrzunehmen; das ist für anhaltendes Glück unverzichtbar. Sollte dein Geist abschweifen, versuche, dich an einem Ort neu zu konzentrieren, wo du Glück und Dankbarkeit empfindest. Hast du etwas manifestiert, so drücke deinen Dank auf konkrete Weise aus. Indem du das tust, stärkst du deine Verbundenheit mit der Welt, öffnest dich für neue Möglichkeiten und steigerst den Fluß universeller Energie in dein Leben.

Symbole und Zeichen in deinem Leben zeigen dir, wo dein Lebensweg liegt. Je mehr du mit deinem Lebensweg im Einklang bist, in all seiner Ursprünglichkeit, Schönheit und Erstaunlichkeit, desto mehr wird dich das Leben belohnen. Dasselbe trifft auf das Manifestieren zu. Originelle, einfallsreiche, intuitive und phantasievolle Manifestations-Techniken – die eigens von dir und für deine Ziele geschaffen wurden – sind der machtvollste Weg, um Positivität in deinem Leben zu manifestieren. Ich hoffe, daß sich durch die Manifestation von Positivität die Welt für jeden verbessert.

Teile die Vorteile, die du manifestierst, mit deinen Mitmenschen. Die Kraft der Anziehung wird erhöht, wenn du Dinge visualisierst, die zum Wohle aller sind. Wenn etwas bei dir wirkt, gib dein Wissen weiter. Denke daran, daß Vergebung, Loslassen und Verzicht genauso unerläßlich für die gelebte Manifestation sind wie das Verlangen, und sie würden die Welt zu einem weitaus schöneren Ort machen. Schätze jeden Schritt, den du machst, während du dein Leben neu erfindest. Sei dankbar für all die Schönheit in deinem Leben. Baue auf dem Fundament des Lebens auf, das du hast, und integriere das beste, was du kennst, und das beste, was du dir vorstellen kannst. Vergiß nicht, daß die Energie der Steine und die universelle Energie miteinander verbunden sind; daher nutze diese Verbindungen weise, mit Liebe und Mitgefühl in jeder Hinsicht, zum Wohle aller.

Kristallklar

Suche dir die Heilsteine aus, die persönlich mit dir harmonieren, und sie werden einen tiefgreifenden Einfluß auf dein Leben haben. Schau dich um und mache die Stein-Freunde ausfindig, die dir bereits helfen. Lerne deine Steine kennen; lasse Raum und Zeit in deinem Leben, um ihre Unterstützung zu erfahren. Trage deinen Schmuck mit einem neuen Gewahrsein. Und erinnere dich daran, daß Magie geschieht; wenn du eines bestimmten Steins bedarfst, wird er seinen Weg zu dir finden.

Deine Steine werden dir bei Entscheidungen beistehen, deine Entscheidungsfreude steigern und deine Zukunft erhellen. Mit ihrer Hilfe wirst du zu der Erkenntnis gelangen, daß Schwierigkeiten Gelegenheiten sind, dein Leben zu ändern, mehr zu lernen und tiefere Liebe zu empfinden.

Das Leben kann sehr bewegt sein, aber auch erfüllend. Lobe dich für deine Leistungen. Achte dich und triff Entscheidungen, die dich in einen Raum versetzen, wo du glücklich und motiviert bist und gefördert wirst. Es ist so wichtig, in dich zu investieren, also behandle dich mit Freundlichkeit. Deine Steine werden deinen persönlichen Aufstiegsprozeß fördern. Sie werden dir helfen, auf deine innere Weisheit zurückzugreifen und dich mit dem universellen Bewußtsein zu verbinden. Sie tragen dazu bei, daß du ein tieferes Verständnis von deinem Platz im Universum erlangst.

Positives Fühlen, Denken und Handeln sowie positiver Wille und Energie sind nun ein Bestandteil deines Lebens geworden. Jeder positive Gedanke versetzt dich an einen besseren Platz, so daß ein positiver Wandel geschehen kann. Wenn du beginnst, etwas Neues in deinem Leben zu manifestieren, berücksichtige das Folgende mit einer Haltung von Aufrichtigkeit, Liebe, Heiterkeit und Dankbarkeit:

Was ist es, das du manifestieren willst?
Sei ganz klar in deinem *Denken*.

Paßt es zu deinem Lebensweg?
Stehe ehrlich zu deinen *Gefühlen*.

Welche Technik(en) wirst du anwenden?
Wähle ein *Handeln*, das mit deinem Selbst übereinstimmt.

Welche Steine eignen sich am besten für deine Bedürfnisse?
Suche dir Steine aus, die besonders deinen *Willen* ansprechen.

Welche Steine hast du schon?
Gib *Energie* in deinen Plan hinein.

Wie zeigst du deine Dankbarkeit, wenn du einen positiven Wandel erlangt hast?
Drücke unbedingt deine *Dankbarkeit* aus.

Die Macht, die du besitzt, um zu manifestieren, ist schön, stark und magnetisch. Du bist einzigartig, schöpferisch und weise. Eröffne dir die Möglichkeit, dein wahres Potential zu entdecken; es ist viel größer, als du jetzt glaubst. Dein Lebensweg wird klarer werden, während dein Selbstbewußtsein und dein Vertrauen zunehmen. Wende die Manifestationstechniken an, um mit ihrer Hilfe zu einem Ort zu gelangen, wo du im Einklang mit deinen Wünschen, Zielen und Werten bist. Du manifestierst Positivität in deinem Leben. Habe Vertrauen. Lebe dein zauberhaftes Leben!

Laß die Steine deinen Weg hell erleuchten.

Die Manifestations-Eigenschaften der Steine

Zweck	Steine, die ... manifestieren und anziehen
Abgrenzung	Rauchquarz, Chiastolith
Anmut, Charme	Larimar, Perlen
Aufgabe von Süchten	Blauer Disthen (Kyanit), blauer Calcit
Auflösung (Löschung)	Thunder Egg Druse (Geode), Zinn
Ausdauer	Sandstein, Eisen
Auto	Tigerauge, Granat
Bedingungslose Liebe	Rosenquarz, Prasiolith-Amethyst (Sambesit)
Befreiung	Lapislazuli mit Calcit (Fleck-Lapis), Bernstein
Berufung	Magnetit, Schiefer, Muscheln, Glas
Besinnung (Reflexion)	Obsidian, Edelstahl, Spiegel
Beziehungen	Kunzit, Chrysopras, Gold
Bindung/Verpflichtung	Diamant, Gelbgold
Bittgebet (an Gott, Höheres Selbst)	Sonnenstein, Violan (blauer Diopsid), Coelestin
Dankbarkeit	Rosafarbener Lace-Achat, Magnesit
Ehrlichkeit	Turmalin, Kupfer, Crazy Lace Achat
Engel	Coelestin, Danburit
Entscheidungsfreude	Zoisit, Rhyolith (Leopardenfelljaspis)
Erfolg	Smaragd, Diamant, Pop-Rocks (Boji's, Kugelpyrit), Rutilquarz
Erholung	Rhodonit, Turmalin (alle Farben)
Erinnerung	Herkimer-Diamant, Chalkopyrit
Familie	Rhyolith, rosafarbener Fluorit, Falkenauge
Feen	Lepidolith, Opal

Zweck	Steine, die ... manifestieren und anziehen
Feier	Gelber Turmalin, gelber Apatit
Finanzen	Lapislazuli, Jade, Silber
Freundschaft	Rhodochrosit, Mondstein
Fröhlichkeit	Goldfluß, synthetisch (Aventuringlas, Goldstein)
Geborgenheit	Roter Calcit, Angelit
Geduld	Friedensachat, Danburit
Geld	Lapislazuli, Citrin, gelber Saphir, Serpentin
Gesundheit	Kupfer, Wasserachat, Moosachat, Fluorit
Gewicht (gesundes)	Blauer Disthen (Kyanit), Halit, Zinn
Glaube	Türkis, Lithiumquarz
Gleichgewicht	Manganocalcit, Bernstein
Gleichheit	Ametrin, Avalonit™ (korallen-/pfirsichfarbener Zoisit)
Großzügigkeit	Karneol, Rhodochrosit
Haustiere	Labradorit, blauer Disthen (Kyanit), Rosenquarz
Heim	Aegerin, blauer Lace-Achat
Hochzeit	Morganit, Diamant, Saphir, Rubin
Hoffnung	Shiva-Lingam, Regenbogenfluorit
Inspiration	Violetter Fluorit, Aquamarin
Jubiläum/Gedenktag	Ammolith, Diamant
Karriere	Aventurin, Saphir
Kinder	Angelit, Peridot
Klarheit	Lazulith, Vivianit

Zweck	Steine, die ... manifestieren und anziehen
Kommunikation, bessere	Türkis, Dalmatiner Stein (Porphyrit), Tansanit (Zoisit)
Konzentration	Malachit, Azurit, Amazonit
Kraft	Regenbogen-Obsidian, Pyrit, Silber, Gold
Kreativität	Zoisit mit Rubin (Anyolith), Porphyr (Porphyrit), Achat, Opal
Kummer, Linderung von	Mondstein, Bernstein, Rauchobsidian (Apachenträne)
Lebenweg	Blauer Lace-Achat, persönlicher Stein (Kristall-Astrologie)
Lernen/Wissen	Epidot-Feldspat (Unakit), Amazonit, Malachit
Liebe	Paraiba-Turmalin, Kunzit, Chrysopras
Liebesromanze	Rubin, Morganit
Loslassen	Aventurin, Chrysokoll
Männlichkeit	Onyx, Jaspis
Motivation	Hämatit, blauer Topas, Edelstahl
Neubeginn	Citrine, Moldavit, Labradorit
Optimismus	Mookait, Pop-Rocks (Boji's, Kugelpyrit)
Reichtum/Wohlstand	Alexandrit, Turmalin, Jade
Reinheit	Bergkristall, Diamant, Wasser
Reisen	Tektit, Bergkristall (Skelettquarz, Elestial)
Ruhm	Smaragd, Larimar (blauer Pektolith)
Schicksal/Bestimmung	Tansanit, Quarzdruse (Geode)
Schönheit	Aqua Aura, rosafarbener Diamant, Rhodochrosit
Schutz	Saphir, schwarzer Turmalin, Tigerauge
Schwangerschaft	Granat, Heliotrop (Blutjaspis), Silber

Zweck	Steine, die ... manifestieren und anziehen
Seelenpartner	Klare Steine (z. B. Zirkon, Diamant, Topas, Glas)
Segen, Wohltat	Laguna-Achat, Prehnit
Sicherheit	Peridot, Falkenauge
Spaß	Erdbeerquarz, Aqua Aura Quarz-Arten
Spiritualität	Amethyst, Spinell
Streßabbau	alle Arten von Jaspis und Calcit, Eudialyt
Transformation	Sodalith, Bronzit, Charoit
Trauerbewältigung	Iolith (Cordierit), schwarzer Marmor, Jett (Gagat), Bleiglas
Trennung (Scheidung)	Halit, Jett (Gagat), farbiges Glas
Übergang	Iolith (Cordierit), Moldavit
Unvergänglichkeit	Smaragd, Fossilien
Ursprünglichkeit	Olivin, Pietersit
Veränderung	Platin, roter Jaspis, Titan
Verbundenheit	Ruinen-Marmor (Kalkstein), Sardonyx
Vergebung	Schneeflocken-Obsidian, roter Beryll (Bixbit)
Verlorenes wiederfinden	Speicherkristall (Record Keeper Crystal), Citrin
Verständnis	Fuchsit, Thulit, Selenit (Fasergips)
Vorleben, Erinnerung an	Tigerauge, Calcit
Wachstum	Grüner Fluorit, Amethyst, Rotgold
Weiblichkeit	Achat, Amazonit
Weltfrieden	Selenit (Fasergips), Bergkristall, Friedensachat, weißer Marmor

Warnhinweise

Bitte hole dir bei bestehenden Krankheiten, hinsichtlich genetischer Veranlagungen, zur Stellung einer Diagnose und Aufklärung über Behandlungsmöglichkeiten professionellen medizinischen Rat bei deinem Arzt oder Heilpraktiker, weil dieses Buch keineswegs einen medizinischen Rat ersetzt.

Brennende Kerzen sollten immer überwacht werden. Bitte lasse brennende Kerzen nie unbeaufsichtigt, vor allem wenn Kinder und Haustiere in der Nähe sind. Achte darauf, daß die Kerze auf einer festen Unterlage steht, so daß sie nicht umkippen kann und womöglich entflammbare Stoffe daneben Feuer fangen.

Ätherische Öle sind nicht für die innere Einnahme bestimmt. Manche Öle, die bei der Massage eingesetzt werden, sollten während der Schwangerschaft gemieden werden. Wenn du dir unsicher bist, welche Öle in der Anwendung unbedenklich sind, wende dich bitte an einen staatlich zugelassenen Heilpraktiker oder Heilpraktikerin, wo du eine Beratung und Anleitung erhältst.

Sei dir bewußt, daß du bei der Verwendung folgender Steine vorsichtig sein mußt und dir immer die Hände wäschst, nachdem du sie berührt hast: Azurit, Pop-Rocks (Boji's, Kugelpyrit), Cerussit (Weißbleierz), Chalkopyrit, Zinnober (Cinnabarit), Diopsid, Dioptas, Galenit (Bleiglanz), Magnetit, Malachit, Meteorit, Molybdän, Pyrit, Stibnit (Antimonit), Smithsonit und Schwefel. Die oben genannten Steine dürfen ***nicht*** mit Wasser vermischt und eingenommen werden!

Manche Steine ändern ihre Farbe, sobald sie in der Sonne gelegen haben, z. B. Ametrin, Coelestin, Chrysopras und Fluorit. Andere Steine (wie etwa eisenreiche Meteoriten) rosten, und wiederum andere lösen sich in Wasser auf (Halit). Zu den Steinen, die durch Wasser zerstört werden, gehören Selenit, Angelit, Coelestin und Gips.

Behandle deine Steine mit Respekt. Schütze sie vor Staub und bewahre sie für Kleinkinder unzugänglich auf. Mit der Zeit können die Steine zerbrechen oder ein Stück abbrechen – auch das ist ganz normal. Denke daran, daß sie auch zerbrochen und verblichen noch genauso gut wirken.

Dank und Anerkennung

Meine tiefe Liebe und Dankbarkeit gilt vor allem Ross und Harry. Ein großes Dankeschön geht an meine Mutter Doris für ihre anhaltende Unterstützung. Ich danke auch meinem Bruder Ben und meinem Vater Joe für ihre Liebe und ihren Beistand.

Mein herzlicher Dank geht an alle Leute bei Earthdancer, besonders an meine Verlegerin Arwen Lentz, die stets motivierend und gleichzeitig geduldig mit mir gewesen ist (www.healingcrystalbooks.com); an Thierry Bogliolo and alle Mitarbeiter von Findhorn Press, die mich bei meiner Suche nach einem Verleger unterstützt haben; an Ella (Claudine) für ihren Sachverstand und ihr Können beim Lektorat; Michael Gienger für seine brillanten Werke; Barry Jones, den Direktor von Brilliant Spheres Crystals, für seine Erlaubnis, die Welt an der Vielfalt seiner erstaunlich kraftvollen Kristallkerzen teilhaben zu lassen (www.brilliantspherescrystals.com.au); Radu Moisoiu für seine Großzügigkeit und sein Können bei der Gestaltung und Pflege der Website www.crystalastrology.com; Huette and Julie Thomson bei Awesome Universe (www.awesomeuniverse.com) für ihre andauernde Freundschaft und Unterstützung; Kellie, die Kristall-Deva, von Avalon Crystals™ (www.neatstuff.net/avalon) für ihre Großzügigkeit.

Und ein besonderer Dank und Segenswünsche gehen an Ruth, Jean, Mary, Anita, Catherine, Jeanine, Joanne, Rosemary, Heather, Barbara, Steve, Sean, Danuta, Mark, Alyssa, James, Judith, Marilyn, Luke, Jack, Rob, Lisa and alle meine Freunde – ihr tragt dazu bei, mein Leben zu »kristallisieren«.

Bildnachweis

Alle Fotos in diesem Buch stammen von Marie Ortsiefer außer Manifestationsquarze, Seite 16 und 29, von Manfred Feig Ammolith, Seite 98, und Pyrolusit, Seite 102, von Ines Blersch

Die auf den Fotos abgebildeten Steine wurden überwiegend von Diplom-Geologe Michael Vogt (www.geo-expert.de) zur Verfügung gestellt.

Bezugsquellen und Links

Astrology Weekly: www.astrologyweekly.com
Awesome Universe: www.awesomeuniverse.com
Crystal Astrology: www.crystalastrology.com
Earthdancer: www.earthdancer.co.uk
Fair gehandelte Mineralien: www.fairtrademinerals.de
Findhorn Press: www.findhornpress.com
Healing Crystal Books: www.healingcrystalbooks.com
Kristall-Kerzen: www.kristall-kerze.de
Steinheilkunde: www.steinheilkunde-ev.de

Bibliographie

Marina Costelloe, *The Complete Guide to Crystal Astrology: 360 Crystals and Sabian Symbols for Personal Health, Astrology and Numerology*, Earthdancer a Findhorn Press Imprint, Baden-Baden 2007

Scott Cunningham, *Magie mit Kristallen, Edelsteinen und Metallen: Das große Lexikon und Praxisbuch*, Ansata Verlag, München 2007

Michael Gienger, *Heilsteine – 430 Steine von A-Z*, Neue Erde, Saarbrücken 2003

Michael Gienger, *Reinigen, Aufladen, Schützen: Wie wir Heilsteine richtig zur Wirkung bringen*, Neue Erde, Saarbrücken 2008

Michael Gienger und Joachim Goebel, *Wassersteine – Das Handbuch zum Edelsteinwasser: 100 Steine in Wirkung und Anwendung*, Neue Erde Saarbrücken 2007

Melody, *Love is in the Earth, a Kaleidoscope of Crystals*, Wheat Ridge, Colorado, Earth-Love Publishing, 1995

Isabel Silveira, *Wesen und Wirken der Kristalle*, Neue Erde Saarbrücken 2009

Anmerkung des Verlages

Seit kurzem sind in Deutschland Wunscherfüllungs-Steine auf dem Markt, die einer etwas anderen Systematik in der Zuordnung folgen. Wie bei der Zuordnung von bestimmten Steinen zu jeweiligen Tierkreiszeichen, gibt es hier kein absolutes Richtig und Falsch. Jeder Stein hat ein ganzes Spektrum von Eigenschaften und Wirkweisen, da läßt er sich kaum auf wenige, ganz bestimmte Eigenschaften reduzieren.

Martina Fuchs, die diese Wunscherfüllungs-Steine entwickelt hat, hat die folgenden Zuordnungen gefunden:
- Amethyst – Dank
- Aventurin – Gesundheit
- Bergkristall – Glaube und Vertrauen
- Calcit orange – Wunder
- Dumortierit – Loslassen
- Fluorit – Focus
- Rosenquarz – Liebe
- Serpentin – Reichtum

Forschen Sie selbst und sammeln Sie eigene Erfahrungen. Die Welt der Steine ist bunt und vielfältig!

Adressen

Seminare und Veranstaltungen

Michael Gienger GmbH
Gesundheit * Wissen * Kreativität & Kunst
Fürststraße 13
D-72072 Tübingen
Tel. 07071 - 364 720
Fax 07071 - 388 68
seminare@michael-gienger.de
www.michael-gienger.de

Im Seminarforum von Anja und Michael Gienger finden Sie Veranstaltungen von DozentInnen aus aller Welt: Michael Gienger, Walter von Holst, Franca Bauer, Annette Jakobi, Edith Dörre, Astrid Hess (Deutschland), Audrone Ilgeviciene (Litauen), Isabel Silveira (Brasilien) u. a. Auch viele AutorInnen von Neue Erde sind hier vertreten: Monika Grundmann, Dagmar Fleck, Wolfgang Maier, Barbara & Peter Newerla, Bernhard Bruder u. a.

Cairn Elen Lebensschulen
www.cairn-elen.de

Forschung und Entwicklung der Steinheilkunde (SHK-Forschung)

Steinheilkunde e.V., Sitz Stuttgart
Forschungsprojekt Steinheilkunde
Obere Stadt 8, D-95326 Kulmbach
Tel. 09221 - 6919 660
Fax 09221 - 6919 836
info@steinheilkunde-ev.de
www.steinheilkunde-ev.de

Gemeinnütziger Verein zur Förderung der Steinheilkunde. Hier erhalten Sie Empfehlungslisten von Edelsteinberatern und -therapeuten sowie Informationen zur Qualitätssicherung von Heilsteinen. Als Fördermitglied können Sie die Entwicklung der Steinheilkunde unterstützen.

Mineralogisch-gemmologische Untersuchungen

Institut für Edelstein Prüfung (EPI)
Bernhard Bruder
Riesenwaldstraße 6
D-77797 Ohlsbach
Tel. 07803 - 600 808
lab@epigem.de
www.epigem.de

AUSSERDEM IN UNSEREM PROGRAMM

Die wichtigsten Informationen zu 430 Steinen

Ein umfassendes Verzeichnis aktueller Heilsteine. Knapp und übersichtlich und doch sorgfältig und genau wird jeder Stein in Wort und Bild vorgestellt: Mineralogie, Indikationen (körperlich, seelisch, mental und geistig), Literaturverweis und Verfügbarkeit.

Michael Gienger
Heilsteine
430 Steine von A-Z
Paperback, 96 Seiten, Taschenformat mit 430 Farbfotos
ISBN 978-3-89060-059-8

Das ultimative Nachschlagewerk

Das umfassende Handbuch, welches 450 Steine in Bild und Text porträtiert, verfaßt vom Begründer der Analytischen Steinheilkunde, die auf der Grundlage von Naturwissenschaft, Empirie und feinstofflichen Zusammenhängen diesem Zweig der Naturheilkunde wieder eine tragfähige Grundlage bietet. Ausführlich werden Mineralogie, Vorkommen, Heilwirkungen und Verfälschungsmöglichkeiten sowie Handels- und Phantasienamen dargestellt.

Michael Gienger
Lexikon der Heilsteine
Von Achat bis Zoisit
Hardcover, Fadenheftung, 528 Seiten, mehr als 200 Farbtafeln.
ISBN 978-3-89060-032-1

Das unerreichte Standardwerk, stets aktuell

Dieses Buch bietet im ersten Teil die Grundlagen der Steinheilkunde, wie und warum sie wirkt. Im zweiten Teil werden über hundert Steine ausführlich vorgestellt, die heilkundlich bereits gut erforscht sind. Die vielfältigen Aspekte der Heilung von Körper, Geist und Seele durch spezifische Steine werden hier ausführlich beschrieben. Unter Heilpraktikern gilt dieses Buch als Grundwerk, und über 100.000 verkaufte Exemplare beweisen, daß es auch für Laien verständlich und nutzbringend ist.

Michael Gienger
Die Steinheilkunde
Ein Handbuch
Fadenheftung, 416 Seiten, kartoniert, durchgehend farbig bebildert
ISBN 978-3-89060-015-4

Bücher von NEUE ERDE im Buchhandel

Im deutschen Buchhandel gibt es mancherorts Lieferschwierigkeiten bei den Büchern von NEUE ERDE. Dann wird Ihnen gesagt, dieses oder jenes Buch sei vergriffen. Oft ist das gar nicht der Fall, sondern in der Buchhandlung wird nur im Katalog des Großhändlers nachgeschaut. Der führt aber allenfalls 50% aller lieferbaren Bücher. Deshalb: Lassen Sie immer im VLB (Verzeichnis lieferbarer Bücher) nachsehen, im Internet unter www.buchhandel.de

Alle lieferbaren Titel des Verlags sind für den Buchhandel verfügbar.

Sie finden unsere Bücher in Ihrer Buchhandlung oder im Internet unter **www.neueerde.de**

Bücher suchen unter: **www.buchhandel.de** (hier finden Sie alle lieferbaren Bücher und eine Bestellmöglichkeit über eine Buchhandlung Ihrer Wahl).

Bitte fordern Sie unser Gesamtverzeichnis an unter

Neue Erde GmbH
Cecilienstr. 29 · D-66111 Saarbrücken
Fax: 0681-390 41 02 · info@neue-erde.de